はじめに

刊行にあたって

― 過去・現在・未来を紡ぐ ―

鎌田 薫
早稲田大学歴史館名誉館長
（第16代早稲田大学総長）

早稲田大学は、1882（明治15）年10月に東京専門学校として開学して以来、今日まで、創立の功労者である大隈重信や小野梓、高田早苗、天野為之、坪内逍遙、市島謙吉をはじめとする数多くの人々の努力と支援によって、学問の府としての輝かしい歴史を積み重ねてまいりました。この間に創り出した学術資産や文化的資産、社会へ送り出した人的資産の蓄積は膨大なものとなり、日本はもちろん近隣諸国の発展にも多大な貢献を果たしてきました。

「早稲田大学歴史館」は、こうした過去の実績だけではなく、現在や未来の教育、研究、社会貢献等に関する早稲田大学の全貌を一堂に展示し、学内外に広く公開する場として、2018（平成30）年３月に設立されました。アジアで唯一の演劇・映像を専門とする「坪内博士記念演劇博物館」、貴重な美術品や考古資料等を擁する「會津八一記念博物館」に続いて、本学では３つ目のミュージアムとなります。早稲田大学が未来へ大きく羽ばたくための拠点となることを願い、英語の館名は“*History for Tomorrow* Museum”（明日のための歴史館）と名付けました。

歴史館の展示にあたっては、本学の来歴に係る資料の陳列はもとより、グローバル・ユニバーシティとして発展し続ける姿を可視化し、来館された方々が自身の関心に応じて、常に新たな発見ができるよう更新していくことで、建学以来の個性と存在意義を発信していくことをめざしています。本学の過去と現在、そして未来を直に体感しながら、時代や世代を超えて「早稲田らしさ」や早稲田の誇りを感じていただければと願っています。

本書は、歴史館の開館１周年に合わせて、そのコンセプトや展示内容をより深く理解していただくために刊行したものです。ただ単に各々の展示物を紹介するのではなく、歴史館で表現できなかった要素を補完し、さらなる早稲田大学への共感や知的関心につなげたいという思いで制作しました。比較的若い読者にも馴染みやすいよう、現代の情報やトピックも豊富に盛り込んでいます。

本書をいわば副読本として携えながら、歴史館の展示や映像をたどり、それぞれに早稲田大学の過去・現在・未来を紡いでいただければ、これにまさる喜びはありません。2019年3月に開館した「早稲田スポーツミュージアム」ともどもよろしくお願いします。

WASEDA University

CONTENTS

展示物① ——常設展示Ⅰ
「久遠の理想」エリア

「祝東京専門学校之開校」(複製)
早稲田大学図書館蔵

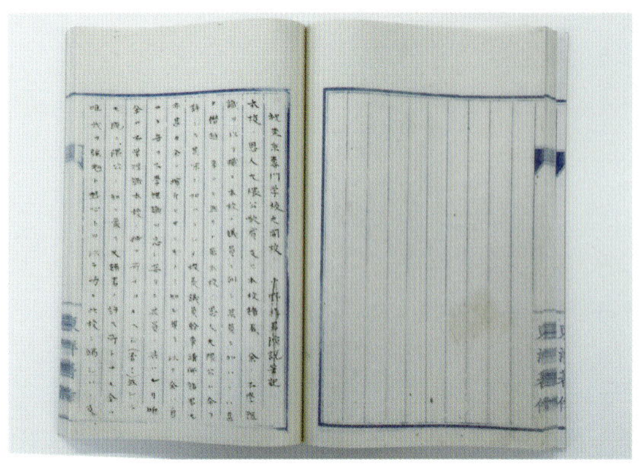

1882年10月21日に行われた東京専門学校開校式での小野梓の演説草稿。福澤諭吉や外山正一ら来賓の前で、建学の理念となる「学問の独立」が宣言された。開校式は、校長大隈英麿の「開校の詞」の後、講師天野為之の演説、成島柳北の祝文朗読の後に、小野梓の演説で終了した。

孫文書簡大隈重信宛(複製)
1914年5月11日付　早稲田大学図書館蔵

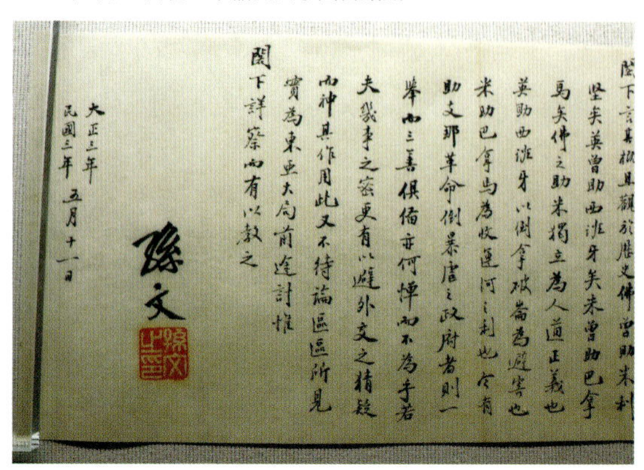

孫文は、中国の革命運動家、初代中華民国臨時大総統、中国国民党総理。1897年に日本に亡命し、しばらく大隈邸近くの早稲田鶴巻町の借家で過ごした。この書簡には、専制的な袁世凱政権を強く非難し、中国国民党への支援を求めて、第二次大隈内閣の成立に大きな期待を寄せる内容が書かれている。

「憲政に於ける輿論の勢力」
写真提供：早稲田大学大学史資料センター（以下、大学史資料センター）

日本の首相として初めて大隈重信が吹き込んだ演説レコードに、最新の光投影技術を融合。画像の前に立つと、自動的に音声が聞こえ、画像にも動きが現れる。1915年の第二次大隈内閣下での衆議院議員総選挙の際に吹き込まれ、「あるんである」の口調で熱弁をふるう「民衆政治家」大隈の個性を生き生きと伝える。

Area 1

「久遠の理想」をたどる

早稲田大学の前身である東京専門学校は、大隈重信（建学の父）や小野梓（建学の母）が高く掲げる理想の下に、後に「早稲田四尊」と呼ばれる高田早苗、天野為之、市島謙吉、坪内逍遙ら若き俊英たちが集い、まさに身命を賭して築き上げてきた。

本エリアでは、建学の精神を解説するとともに、建学に貢献してきた人々の実像を紹介する。

1 建学の精神

1913（大正2）年10月、早稲田大学の創立30周年記念祝典において、早稲田大学の教育の基本理念を示す「早稲田大学教旨」が宣言された。これは、高田早苗、坪内逍遙、天野為之、市島謙吉、浮田和民、松平康国などが草案を作成し、大隈重信が校閲のうえ、祝典で発表したものである。
「早稲田大学教旨」の骨格を成す三大教旨「学問の独立」「学問の活用」「模範国民の造就」は、久遠の理想を表した早稲田大学の基本理念として100年以上にわたり受け継がれ、その精神を身につけた数多くの優秀な人材を輩出してきた。

〔早稲田大学教旨〕

早稲田大学は学問の独立を全うし 学問の活用を効し
模範国民を造就するを以て建学の本旨と為す

早稲田大学は学問の独立を本旨と為すを以て
之が自由討究を主とし
常に独創の研鑽に力め以て
世界の学問に裨補せん事を期す

早稲田大学は学問の活用を本旨と為すを以て
学理を学理として研究すると共に
之を実際に応用するの道を講し以て
時世の進運に資せん事を期す

早稲田大学は模範国民の造就を本旨と為すを以て
個性を尊重し 身家を発達し 国家社会を利済し
併せて広く世界に活動す可き人格を養成せん事を期す

学問の独立

あらゆる制約から解放され、本質を見据えた自由な批判精神が「学問の独立」の礎であり、それは「在野精神」や「反骨の精神」と結び合う。早稲田大学は自主自立の精神を持つ近代国家の養成を理想として、権力や時世に左右されない、科学的な教育・研究を行ってきた。

学問の活用

学問研究は、学理の考究に留まらず、文化、社会、産業への活用の道を拓くことによってさらに発展し、国の近代化にも貢献することができる。つまり、「学問の活用」は、安易な実用主義ではなく「進取の精神」として、早稲田大学の大きな柱の一つとなった。

模範国民の造就

「模範国民の造就」は、豊かな人間性を持った「地球市民の育成」と言い換えられる。早稲田大学は、世界のどこでどんな困難に直面しても、自らの意志で周囲と連帯し状況を切り拓ける知識と道徳的人格と勇気、さらには頑健な身体としなやかな感性を持った人材を育成する。

創立30周年記念祝典　大学史資料センター蔵

COLUMN／建学の碑／

「建学の碑」は、早稲田キャンパス正門の左脇に立ち、「学問の独立」「学問の活用」「模範国民の造就」からなる早稲田大学教旨の全文が刻まれている。碑が作られたのは、教旨が発表されてから24年後の、1937（昭和12）年11月３日のことである。

当時、日中戦争の激化に伴い、国民精神総動員運動が展開されていた時期であり、除幕式において田中穂積総長は、「一命を君国の為めに捧げる」ような「模範国民」像を特に強調して訓話した。

なお、建学の碑には「立憲帝国の忠良なる臣民として」との文言が記されているが、これは敗戦後の新憲法と教育基本法のもと削除され、現在の教旨にはない。

2 建学に貢献した人々

大隈重信

1838（天保9）年〜1922（大正11）年。佐賀の出身。東京専門学校創設者、政治家。

大学史資料センター蔵

明治政府の財務官僚として日本の近代化を担う

大隈重信は1838（天保９）年２月16日、佐賀城下である肥前国佐賀会所小路に、佐賀藩士大隈信保と三井子の長男として生まれた。幼名を八太郎と称す。７歳のときに藩校弘道館で漢学を学ぶが、その後蘭学寮に移り、西欧の学問に接した。

大隈は、佐賀藩の代品方として長崎〜兵庫間を行き来したことをきっかけに、1865（慶応元）年頃より長崎のアメリカ人宣教師フルベッキに英学を学ぶこととなった。その後、長崎に英語学校致遠館を設立、青年の教育に努めた。

1867（慶応３）年に大隈は、将軍徳川慶喜に大政奉還を勧告しようと、副島種臣とともに脱藩して上京するが、失敗して佐賀に送還される。

翌1868（明治元）年、明治政府誕生に際して大隈は、徴士参与兼外国事務局判事に抜擢され、キリスト教徒処分問題でイギリス公使パークスとの交渉にあたり辣腕をふるった。この功績が明治政府に認められ、外国官副知事に昇進。翌年３月に会計官副知事、７月には大蔵大輔となり、鉄道や電信の建設、工部省の開設などに尽力した。そして1870年には参議に就任、1873年には大蔵卿を兼任することとなった。こうして大隈は、明治政府における財政担当の官僚として、日本の近代化を担った。

大隈が推し進めた財政政策は、日本の近代的財政の基礎を確立したものとして、「大隈財政」と呼ばれている。具体的には、地租改正を行い国家の歳入を確立すると同時に、旧藩時代の家禄や藩債を処分して無用の支出を抑えることを目指した。加えて貨幣の統一と予算決算制度を創設し、国家財政を計画的に運営するための基礎を作った。また、こうした制度・機構のうえに、資金流通のための銀行を全国各地に設立したほか、殖産興業政策なども推進した。このとき、三菱汽船会社を援助し、のちの三菱財閥と親密な関係も築いた。

立憲改進党と東京専門学校の設立

1881年３月に大隈は、イギリス流の政党内閣制を採用した国会の開設を求める意見書を提出して、岩倉具視や伊藤博文と対立。加えて、同年７月末に暴露された北海道の開拓使官有物払い下げに反対したとして、10月に薩長勢力により、政府を追われることとなった（明治十四年の政変）。

下野した大隈は、1882年に、小野梓らとともに立憲改進党を結成して、その総理に就任した。しかし、板垣洋行問題をきっかけとして自由党との関係が悪化。自由党解党の影響を受け、立憲改進党内部でも解党をめぐる対立が深刻化し、1884年12月に、大隈はついに脱党するに至った。

その間の1882年10月に、大隈は小野梓をはじめ、高田早苗、天野為之、市島謙吉らの協力を得て東京専門学校を創設した。下野した後の大隈が政党と学校の設立を目指したのは、近代的な国家の建設には自由主義に根差した政党とそれを支える国民の育成が必要だと考えたからである。開校式には、大隈は様々な状況を配慮して出席しなかったが、福澤諭吉、外山正一をはじめ多数の来賓が出席。小野が大隈の学校創立の理念を代弁して、「学問の独立」を宣言、不偏不党による学問の追究を誓った。

政治家大隈重信の軌跡

その後大隈は、1888年に第一次伊藤博文内閣の外務大臣となり、続く黒田清隆内閣でも留任して条約改正を担当するが反対され、翌年10月に玄洋社社員に爆弾を投げつけられ右足を失うこととなり、外務大臣を辞職した。

1898年に、進歩党と自由党の合同によって憲政党が結成されると、大隈は板垣退助とともに史上初の政党内閣を組織したが、藩閥勢力の妨害などから、4ヵ月で総辞職した。一度は政界を引退し、早稲田大学総長を務めるが、1914（大正3）年4月に第二次大隈内閣を組織して、政界に復帰。第一次世界大戦に参戦し、翌年には中国に21カ条の要求を行って、その大部分を承認させた。その後、貴族院や元老との対立などもあって、1916年10月に辞職した。

大隈重信と後藤新平　　大学史資料センター蔵

一方、日露戦争後から精力的に「文明運動」を展開し、『開国五十年史』『国民読本』などを編集・刊行して、広く啓蒙活動を行った。1922年1月10日、胆石症により83歳で生涯を閉じた。

大隈重信全身像

早稲田大学本部キャンパスには、2体の大隈重信全身像がある。キャンパスの中央にあり、早稲田のランドマークともなっているこの立像は、1932（昭和7）年10月17日に早稲田大学創設50周年と大隈重信没後10回忌を記念して作られたものである。角帽とガウンを着用しているが、右足を失った後に作られたので、杖をついているのが特徴である。

もう1体は1907（明治40）年に制作された大礼服姿の大隈像であり、大隈講堂内の回廊に設置されている。昭和初期までこの立像がキャンパスの中央に配置されていたが、2代目の完成に合わせて、現在の位置に移動された。

初代は小野惣次郎、2代目は朝倉文夫の作品である。

1907年作の全身像。大隈講堂内の回廊に設置(歴史館内には複製を展示)。

1932年作の全身像。早稲田キャンパスの中心に設置。

小野 梓

1852（嘉永5）年〜1886（明治19）年。高知の出身。東京専門学校創設に参画、法学者、政治家。

會津八一記念博物館蔵

小野梓は1852（嘉永５）年に土佐国幡多郡宿毛村に生まれる。戊辰戦争に従軍したのちに、1869（明治２）年に上京して神田湯島の昌平学校に学んだ。1872年よりアメリカに私費留学し、1873〜74年には大蔵省官費留学生としてイギリスに渡った。帰国後は、イギリスに留学した仲間とともに学術啓蒙結社「共存同衆」を設立して啓蒙活動に取り組み、『共存雑誌』を創刊して、言論活動を展開した。

一方で小野は、1876年に司法少丞に任ぜられ、以後、太政官少書記官などを歴任。1880年、会計検査院検査官となって、大隈重信との関係を深め大隈のブレーンとして活躍することとなる。

1881年に、大隈が「明治十四年の政変」で明治政府中枢から追放されると、小野もこれに従って下野し、大隈のもとで立憲改進党を結成。同党の趣意書などを起草した。

1882年、「国家の繁栄は教育の繁栄による」という考えのもと、小野は大隈とともに東京専門学校の開校を実現。その開校式に大隈は、明治政府を追われたことを配慮して姿を現さなかったが、小野は祝辞のなかで、「学問の独立」という建学の精神をはっきりと表明し、大隈の心情を代弁した。

1883年、小野は出版社の東洋館書店（現、冨山房が継承）を設立したほか、『国憲汎論』をはじめとする多数の著作活動を行うが、1886年に肺結核のため33歳の若さで早世した。

『早稲田學報』明治41年3月号

早稲田四尊

高田早苗

1860（安政7）年〜1938（昭和13）年。東京の出身。東京専門学校創設に参画、政治学者、政治家。

大学史資料センター蔵

1860（安政７）年、江戸深川に生まれる。1882（明治15）年東京大学文学部卒業後、東京専門学校創立に参画し、教鞭をとるとともに学校運営の中枢を担い、草創期における早稲田大学の礎を築いた。1907年、早稲田大学が総長・学長制を導入した際、大隈総長とともに、高田も初代学長に就任。1917（大正６）年に「早稲田騒動」で一時大学を離れるが、1922年の大隈没後は復帰し、総長として大学運営に尽力した。

一方高田は政治家としても活躍し、1890年に衆議院議員に初当選（以降６回当選）。第二次大隈内閣では文部大臣を務めた。1915年には貴族院議員に勅選。1938（昭和13）年没。

坪内逍遙

1859（安政6）年～1935（昭和10）年。岐阜の出身。評論家、小説家、劇作家。『早稲田文学』を創刊。

大学史資料センター蔵

1859（安政６）年、美濃国太田村に生まれる。上京後、東京開成学校（後に東京大学に改編）に入学し、高田早苗、天野為之、市島謙吉らと親交を結ぶ。東京大学文学部在学中にスコット原作の『春風情話』を翻訳するなど、西洋文学への関心を高めた。

東京専門学校で教鞭をとる傍ら、1885～86（明治18～19）年に体系的小説論である『小説神髄』を執筆。近代小説の理論と方法論を示した。また、その理論を応用した小説『当世書生気質』を発表。書生と芸妓の恋愛を写実的に描いたこの作品は、近代文学の先駆けとなった。1891年には『早稲田文学』を創刊。後進の育成にも尽力した。一方で、1928（昭和３）年にはシェークスピア全作品を完訳し、英文学に大きな功績を残した。1935年没。

市島謙吉

1860（安政7）年～1944（昭和19）年。新潟の出身。早稲田大学初代図書館長、政治家、随筆家。

大学史資料センター蔵

1860（安政７）年に越後国北蒲原郡水原で生まれる。東京大学を中退し、1882（明治15）年に東京専門学校の創立に参加する。その後、郷里の新潟に戻り、1883年に『高田新聞』を創刊。一方で1894年には衆議院議員に初当選し、改進党系の議員を3期務めた。しかし、体調の悪化をきっかけに政治家を辞職。高田早苗の薦めによって1902年、早稲田大学図書館の初代館長に就任する。市島は積極的に資料収集を進め、就任当時およそ36,000冊であった蔵書を、5年後には10万冊に増やした。「早稲田騒動」で退任するまでの15年間、図書館の整備に没頭し、私学有数の図書館に育て上げる一方、日本図書館協会の初代会長なども務めた。1944（昭和19）年没。

天野為之

1861（万延元）年～1938（昭和13）年。佐賀の出身。東京専門学校創設に参画、経済学者、ジャーナリスト。商科の発足に大きく貢献し、初代科長となる。

大学史資料センター蔵

1861（万延元）年、肥前国唐津藩の江戸屋敷に生まれる。1875（明治８）年に東京開成学校（後に東京大学に改編）に入学。東京大学文学部卒業後、東京専門学校創設に尽力した。以後、天野は早稲田で教鞭をとり、1886年に刊行した『経済原論』が大きな評価を得たほか、1904年の大学部商科の発足にも大きく貢献。初代科長に就任した。1915（大正４）年に、高田が学長を辞した際に第二代学長に就任するが、1917年に起こった「早稲田騒動」に際し、天野は高田、市島と対立し、早稲田大学を去ることとなった。その後、早稲田実業学校の校長として、1938（昭和13）年に没するまでその任に就いた。

展示物②——常設展示Ⅱ
「進取の精神」エリア

通信講義録　大西祝『西洋哲学史』草稿（複製）
早稲田大学図書館蔵

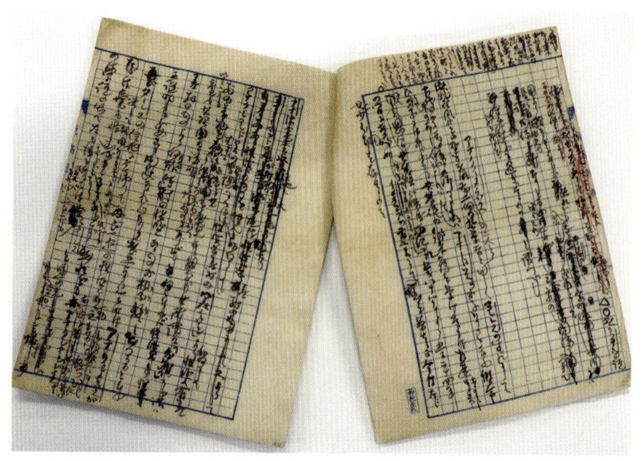

開校から4年後の1886（明治19）年、本学は学校に通えない人々に校外生として勉学の機会を提供する通信教育事業を始めた。哲学者の大西祝はキリスト教的自由主義の立場から、東京専門学校で哲学・倫理学・心理学などの講義を行った。『西洋哲学史』は、日本人による最初の本格的な哲学史と言われる。

WABOT-1
早稲田大学ヒューマノイド研究所蔵

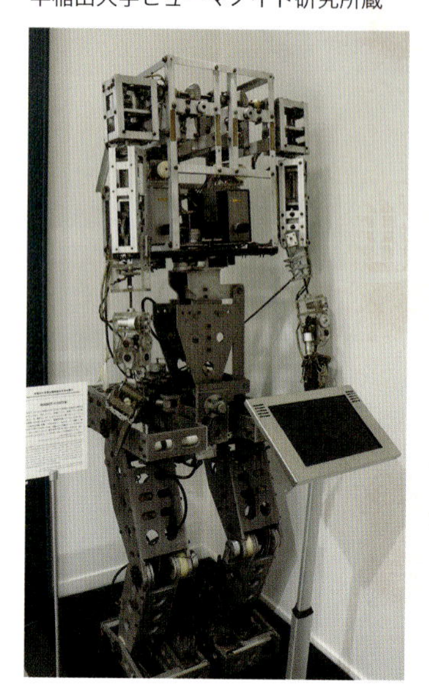

ロボット開発の父と称される加藤一郎・理工学部教授が、1973年に完成した世界初の本格的人間型知能ロボット。手足システム、視覚システム、音声システムから構成されている。人工の口により人間と簡単な会話を行い、人工の耳・目により対象物を認識し距離・方向を測定。2足歩行により移動が可能である。

『鴻跡帖』（複製）
早稲田大学図書館蔵

帖仕立全7冊。清国留学生部が設置され、最初の予科卒業生に大学は専用の用箋を配布し、詩文書画の揮毫を依頼した。学生をはじめ、当時の駐日清国公使らからも寄せられた書画は総数278名分に及ぶ。標題は、青柳篤恒の依頼により銭恂が「稲泥鴻爪」の原案を提示、後に「鴻跡帖」となった。

奇跡の500円玉
早稲田大学平山郁夫記念ボランティアセンター蔵

東日本大震災後の被災地サポートとして、本学学生が福島県立双葉高等学校生徒に学習指導を行った。同校の島教諭（早稲田大学校友）から感謝の印として贈呈されたこの500円玉は、震災時の津波で流された家の跡から見つかった貯金箱に入っていたものである。

Area 2

•

「進取の精神」をたどる

早稲田大学は、校歌に歌われる「進取の精神」のとおり、創立以来自らのあり方をたえず見直しながら、常に時代の最先端の教育・研究を目指し、改革への挑戦を続けてきた。

本エリアでは、教育や研究、グローバル化、学生生活や文化・スポーツなどに視点を据えて、現在進行形のWASEDAを多角的に紹介する。

1 早稲田大学を創ったエポック

CONTENTS

1 早稲田大学開校

大隈重信の下野

早稲田大学の前身である東京専門学校は、1882（明治15）年10月、大隈重信らによって創設された。

明治政府の要職にあった大隈重信は、国会開設・憲法制定の早期実現を唱えていたが、伊藤博文を中心とした漸進論と対立し、1881年10月に政府中枢より追放された（明治十四年の政変）。

政界からの下野を余儀なくされた大隈は、強力なブレーンであった小野梓らとともに立憲改進党を結成してその総理に就任。その半年後に東京専門学校が創設されるのである。早稲田大学の伝統である「在野の精神」は、こうした大隈の経験に由来する面が強く、大隈の目指す「自由主義的な政党政治の実現」「国民国家の真の独立」の実現には、建学の精神である「学問の独立」の追求が必須であった。

開校当時の早稲田の風景　大学史資料センター蔵

東京専門学校から早稲田大学へ

東京専門学校には、政治経済学科、法律学科、理学科という三つの学科が設置され、その他希望者が兼修する英学科も置かれた。そして、1890年には、坪内逍遙らによって「和、漢、洋三文学の調和」を目的とした文学科も設置された。

その後20世紀に入り、東京専門学校は、1901年４月に新たに高等予科を設置、1902年には大学部を設置し、校名を「早稲田大学」と改称した。同年10月に早稲田大学開校式が挙行され、大学部、専門部、高等予科の三本柱として新たな船出を切ったのである。

東京専門学校第1回卒業記念　大学史資料センター蔵

早慶戦の歴史

慶應義塾大学・早稲田大学　大学史資料センター蔵

挑戦状から始まった早慶戦

早慶戦の起源と言われる野球戦は、1903（明治36）年11月５日、早稲田大学野球部が慶應義塾大学野球部に挑戦状を送ったことから始まった。同年11月21日、三田綱町の慶應義塾運動場にて第１回早慶戦が行われ、結果は9対11で早稲田の惜敗に終わった。

その後早稲田大学野球部は、当時三強と言われていた一高、慶應、学習院を破り、1905年に安部磯雄部長の引率のもと、日本の野球チームとして初めてアメリカへの遠征を実現。アメリカの最新技術を学ぶこととなった。

しかし、早慶定期戦における両校応援団の対抗意識が極度に高まったため、慶應の鎌田栄吉塾長は、大隈重信、安部磯雄を訪問し、衝突の危険を回避すべく、1906年に早慶戦の中止を決定した。

学徒出陣と「最後の早慶戦」

それから19年間、早慶戦は行われることはなかったが、東京六大学野球連盟が発足した1925（大正14）年に早慶戦も単独試合として復活。試合の結果は11対0で早稲田の勝利に終わり、翌年4月からは、リーグ戦の一部として開催されるようになった。

第二次世界大戦の戦況の悪化に伴い、1943（昭和18）年には大学生に認められた徴兵猶予が停止され、六大学リーグも中止されることとなった。そして出陣学徒壮行会直前の同年10月16日に、「最後の早慶戦」が戸塚球場で開催された。

3 大隈講堂と演劇博物館の竣工

大隈記念講堂

大隈記念講堂は、大隈重信の没後、その業績を記念して1927（昭和2）年10月に竣工した。当時の総長・高田早苗の「ゴシック様式であること」「演劇に使えること」という注文に応えて建設された。これは当時としては画期的なことで、「早稲田にしかない講堂の建設」を目指したものと言えよう。

1923（大正12）年4月に、理工学部の佐藤功一教授監修のもと、佐藤武夫助教授によるデザイン、東京タワーを設計したことでも知られる内藤多仲教授の構造設計によって建築が始められた。

その後4年半の歳月をかけ、地上3階、地下1階（大隈小講堂）、客席数1,435席を持つ講堂として完成。当時、これだけの規模を持つ大講堂はほとんどなく、大隈講堂はその威容を誇ったのである。

創立45周年・大隈講堂開館記念式　　大学史資料センター蔵

坪内博士記念演劇博物館

坪内博士記念演劇博物館は1928年10月、世界でも珍しい演劇専門の博物館として設立された。その建設は、坪内逍遙の古稀と彼の『シェークスピヤ全集』全40巻の翻訳完成を記念して計画された。

高田早苗総長をはじめとした教授陣、文壇人、財界人の協力を得て、イギリス・エリザベス朝期の劇場「フォーチュン座」を模して建設された。これは逍遙の発案によるもので、シェークスピア時代の劇場を再現したものである。

建物の竣工後、開館式は10月27日に挙行され、1,000名を超える来場者を得た。

演劇博物館開館式　　大学史資料センター蔵

理工学部の創設と竹内明太郎

竹内明太郎　写真：共同通信社

理工科応用科学実験室　大学史資料センター蔵

創立25周年より始まった理工科設立の動き

早稲田大学理工科の創設が決まったのは、1907（明治40）年のこと。創立25周年にあたるこの年、大隈は式典にあたり「早稲田大学はその第二期の発展をなすべき機運に達し、理工科もしくはその他の学科を新設する時勢に達した」と述べ、理工科の創設を発表した。その後、基金募集の原案が作られその取り組みがスタートしたが、理工科創設は、実業家・竹内明太郎の尽力に拠るところが大きかった。

資金と人材の面で理工科設立に尽力

竹内明太郎（1860-1928年）は、土佐（高知県）宿毛出身。若いころより自由民権運動に触れ、1882年に自由党へ入党、『絵入自由新聞』を創刊する。また、1915（大正４）年には、立憲政友会より立候補し衆議院議員を務めた。その一方で、実業家としても成功し、小松製作所を創業したほか、日産自動車の前身である快進社の設立にも加わった。

竹内は、日本の工業分野の発展に資するべく、自社の社員を欧米諸国に留学させて先端技術を学ばせるとともに、郷里・高知にて工科大学を設立する計画も立てていた。しかし竹内は、早稲田大学理工科の設立が資金と人材の面で難航していることを聞き及び、自分の工科大学構想のために育成してきた人材と資金を惜しげもなく早稲田大学に提供し、理工科の設立に大きく貢献した。

そして、早稲田大学理工科は1909年から本科が開講する運びとなった。

5 早稲田式テレビジョンの開発

川原田政太郎の挑戦

川原田政太郎　　大学史資料センター蔵

早稲田式テレビジョンの開発は、早稲田大学理工学部の名を一躍有名にしたできごとであった。その立役者、川原田政太郎がテレビジョンの研究を志したきっかけは、1922（大正11）年～25年のヨーロッパ留学であった。ロンドン大学で見たテレビジョンの実験に感動した川原田は、1924年に第一回万国動力会議に出席した山本忠興理工学部長に随伴した際、テレビジョン研究の必要性を力説、川原田の意見は採用されることとなった。

多数の資料を携えて帰国した川原田は、さっそく研究に着手した。東京地下鉄道の創業者である早川徳次からの寄付をはじめ、彼の働きかけにより、日本放送協会より多額の資金援助を得ることができ、大規模な研究に取りかかることができた。

世界初の野球の実況中継を実現

早稲田式テレビジョン

その後、1m四方の送・受画像が可能となり、1930（昭和5）年3月17日には、東京朝日新聞社大講堂で公開実験を行うことになった。1,500人を超す観客の目の前で、1.5m四方のスクリーンに映画と同様の映像が映し出され、成功裡に実験は終了した。また翌31年には戸塚球場で、2m四方のスクリーンに世界初の屋外の実況中継を映し出すことにも成功。その評判は大いに高まった。

しかし、早稲田式テレビジョンは技術的限界から、その後はブラウン管を利用した電気式テレビジョンに取って代わられ、その研究は終焉を迎えた。

陸上三段跳で日本初の金メダル ——織田幹雄

織田幹雄

17歳から才能を発揮した織田

早稲田大学は、これまで夏季・冬季のオリンピックに数多くの選手を送り出し、校友も含め15個にのぼる金メダルを獲得してきた（2019年5月現在）。

その第1号であると同時に、日本初の金メダリストになったのが、第9回アムステルダム大会（1928〔昭和3〕年）に参加した織田幹雄である。

1905（明治38）年に広島県で生まれた織田は、15歳から陸上競技を始め、17歳で走り幅跳びの日本記録を更新。19歳のときには、パリで開催された第8回オリンピック（1924〔大正13〕年）に出場し、三段跳で6位に入賞し、日本有数の陸上選手として成長していった。

世界のトップアスリートを輩出した早大陸上部

織田はその後、第一早稲田高等学院をへて1925年に早稲田大学へ進学し陸上部に入部。南部忠平、沖田芳夫、西田修平らとともに、早大陸上部の黄金期を築いた。

アムステルダム大会に出場した織田は、三段跳で15.21mを記録し、日本人で初めて金メダルを得て、日本中を歓喜の渦に巻き込んだ。その後も織田は、1931年に15.58mという世界記録を樹立。「三段跳王国日本」の先駆者として活躍した。

なお、南部は1932年ロサンゼルス大会において三段跳金メダル、棒高跳の西田もロサンゼルス大会、ベルリン大会の2大会連続で銀メダルを獲得。「陸上競技の早稲田」を世に知らしめた。

7 海外からの要人の来訪

花開いた文化的・学術的交流

1920〜40年代にかけて、早稲田大学には世界各国から様々な要人が訪れた。特に1935（昭和10）年以降は、日本の対外政策を色濃く反映した要人（日本の傀儡政権関係者や、同盟国となったドイツ、イタリアの研究者等）の来訪が目立った。しかし、それ以前の早稲田大学における文化的・学術的交流は、かならずしも政府の対外政策に沿ったものとは限らず、多彩な要人が来訪している。

早稲田を訪れた世界を代表する文化人

1922（大正11）年10月に、東京市長であった後藤新平の招聘に応じて、アメリカのチャールズ・A・ビアード（歴史学、政治学）が来訪した。そして大隈講堂で４日間にわたり、「大社会とテクノロジー」というテーマのもと、「国家観念の変遷」「自由の道への諸提案」などについて講演を行った。

また、同年11月には、世界的物理学者であり前年にノーベル物理学賞を受賞した、アルベルト・アインシュタインが早稲田大学を訪問。大隈銅像前の校庭に設けられた壇上より挨拶を行い、１万人以上の聴衆が熱烈な拍手と校歌の合唱をもってアインシュタインに歓迎の意を表した。

三重苦を乗り越えた「奇跡の人」ヘレン・ケラーは、1937年4月に来訪した。そして大隈講堂で「私の住む世界」と題して講演を行い、「I am not a dumb（私はもはや聾唖者ではない）」と語ったときには会場から感動の拍手が鳴り響いた。

アインシュタイン博士夫妻　大学史資料センター蔵

廃墟からの復興

屋根を抜かれた演劇博物館
（『早稲田百年』編纂委員会編『早稲田百年』早稲田大学印刷所）

戦争被害の克服と民主主義への第一歩

1945（昭和20）年８月、日本はポツダム宣言を受諾し、無条件降伏して太平洋戦争は終戦を迎えた。早稲田大学における戦争の被害は甚大で、空襲によって恩賜記念館など約３分の１の校舎が焼失し、4,700名以上の関係者（学生、校友、教職員）が戦争の犠牲となった。

終戦の翌月の９月から講義は再開されたが、校舎焼失のため、授業は昼夜二部制で行われた。また、授業再開にあたり、戦争への反省から全体主義的な傾向の排除と民主化が進められ、戦前、大学を去った京口元吉、佐野学、大山郁夫などの教員が復帰した。

新制大学としての再スタート

一方、教育基本法や学校教育法の制定など、様々な戦後改革が実施されるなかで、学校制度も大きく様変わりし、従来の大学、高等学校、専門学校、師範学校などはすべて4年制の新制大学に統合再編されることになった。早稲田大学も1949年４月21日より、11学部からなる新制大学として再スタートを切った。

また、島田孝一総長は早稲田大学復興会を結成、募金活動を展開した。その資金をベースに、高等学院校舎、大隈会館、大学院校舎、共通教室などの整備が進められていった。

早稲田大学初の宰相――石橋湛山

反戦・反軍思想のジャーナリストとして活躍

1884（明治17）年に東京に生まれた石橋湛山は、1904年に早稲田大学大学部文学科哲学科に入学。ここで哲学思想の恩師となる田中王堂と出会う。1907年に文学科を首席で卒業し、1911年、東洋経済新報社に入社後、小日本主義を唱え、大正デモクラシーの論客として活躍した。第一次世界大戦への参戦反対や普通選挙実施の要求、満州放棄を主張するなど、政府の軍国主義政策を厳しく批判し、徹底した自由主義者としての言論活動を行った。

石橋湛山　大学史資料センター蔵

わずか2ヵ月の総理大臣就任

戦後は政治家となって自由党に入党、吉田茂内閣の大蔵大臣を歴任するが、公職追放令により大臣の職を追われることとなった。追放令の解除後は政界に復帰し、鳩山一郎内閣の通産大臣を経て、1956年12月、自由民主党総裁選挙に出馬。岸信介を破り総裁に就任し、早稲田大学出身者として初の内閣総理大臣となった。しかし湛山は、就任1ヵ月後の1月25日に急性肺炎で倒れ、わずか2ヵ月で総理大臣を辞職することとなった。回復後は、共産主義諸国との交流促進に尽力し、日ソ協会会長を歴任したほか、日中国交回復の礎を作った。

こうした湛山の活躍を記念し、2000年に早稲田大学は優れたジャーナリストの活動を表彰する「石橋湛山記念早稲田ジャーナリズム大賞」を設立した。

石橋湛山内閣総理大臣就任祝賀会　大学史資料センター蔵

10 造反の季節──早大闘争と学生運動

写真：朝日新聞社

写真：朝日新聞社

学生会館問題と学費値上げへの抗議

1965年12月末からの半年間、早稲田大学は「全学機能の麻痺」という混乱状態に陥った。ことの発端は、12月27日の竣工を目前に控えた第二学生会館を巡り、自主管理を主張する学生と大学との意見が折り合わず、12月11日深夜に学生側がバリケードを築いて大学を封鎖したことに始まる。交渉にあたっていた３名の理事をはじめとした数十人の職員が軟禁状態になったことから、大学は警察機動隊を導入して救出。加えて、12月20日に大学の評議員会によって決定された学費値上げが学生の知るところとなり、全学共闘会議のもと、１月下旬には各学部が無期限ストライキに突入する事態に陥った。

その後、事態は収拾する兆しを見せず、学期末試験は延期を重ねたほか、全学統一の卒業式は中止せざるをえない状況となった。

全国に広がった学園紛争の嵐

1966年５月１日、１ヵ月遅れで入学式が執り行われた後、５月10日に大濱信泉総長辞任を受け、阿部賢一が総長代行に選出された。

阿部総長代行は、事態の解決に向けて活動を開始。学費のなかの施設費の引き下げを決めたほか、学生との「ティーチ・イン」も行い、対話による解決の道を模索した。こうした働きかけにより、６月にはストライキは全面的に解除され、155日に及んだ紛争は終焉を迎えた。しかし、大学紛争の火種は、その後全国の大学に飛び火していくこととなる。

11 総合学術情報センターの開設

東洋一の規模を誇った旧図書館

早稲田大学の図書館の歴史は、1882（明治15）年、東京専門学校の創立と同時に設置された図書室から始まる。1925（大正14）年10月には新図書館が竣工し、延べ坪面積1,195坪、閲覧室132坪、収容人数500人、60万冊の収納を誇る、当時東洋一の図書館となった。以来何度かの改築・増築を経て、1991年には100周年記念の中心事業として、安部球場跡地に中央図書館と国際会議場からなる総合学術情報センターが建設され、4月に開館した。

総合学術情報センター（中央図書館）

国際会議場と中央図書館からなる先端施設

総合学術情報センターの概要は、敷地面積14,000㎡、建築面積5,700㎡、延床面積34,000㎡で、建物は地上5階、地下2階の2棟からなる。

中央図書館は、延床面積28,000㎡、所蔵数約280万冊、閲覧席数約1,800席の規模となった。入口には、ローマ時代の政治家カトーの息子への教訓“QUAE SIT SAPIENTIA DISCE LEGENDO”（知恵の何たるかを読むことによって学べ）の文字が掲げられている。館内には、平山郁夫「熊野路・古道」（絵画）、藪野健「語りつがれた町」「ジオルジオ　君の歌がきこえる」「風の塔」（絵画）、松永鶴雲「良寛五言絶句：茫々嘯」（書）が展示されている。

一方、国際会議場は、同時通訳ブースや最先端のAV機器が備え付けられ、学術の国際交流などに活用されている。なおその名称は、寄贈者の名前を冠して「井深大記念ホール」と命名された。

井深大記念ホール

2 早稲田大学の文化資源マップ

大隈会館
大隈庭園
②
⑪
東門
25号館
⑭
早稲田大学歴史館
1号館
大隈記念講堂
3号館
⑬
正門
⑦
⑥
大隈記念タワー
大隈重信銅像
會津八一記念博物館
①
⑤
③
小野記念講堂
南門
⑩
早稲田スポーツミュージアム
⑨

①會津八一記念博物館

早稲田キャンパス２号館。開館時間は10:00〜17:00。休館日は原則水曜日、大学の臨時休業日、年末年始、８月（オープンキャンパス以降）、２月。入館料無料。

會津八一記念博物館は、東洋美術史の研究者として、また歌人、書家としても知られる會津八一を記念して、1998年に２号館（旧図書館）に設置された。

會津八一コレクションをはじめとする東洋美術、近代美術、考古・民俗の３分野を主要な部門として、約２万件にのぼる資料を収蔵する。

主な作品に、高田早苗が図書館建設の際に横山大観と下村観山に依頼した巨大な円形の日本画「明暗」や前田青邨の「羅馬使節」、シカゴ万博出展の執金剛神立像、中国古代の明器、八一自身による書などがある。

１階は會津八一コレクション展示室、近代美術展示室、富岡重憲コレクション展示室、２階はグランドギャラリー（常設・企画大展示室)。1925年完成の２号館は、現在学内で２番目に古く、建築家・今井兼次（1895〜1987）のデビュー作である。

②大隈庭園

開園時間４〜９月は9：00〜17:00。10〜３月は9：00〜16：30。休園日は日曜日。入園無料。

大隈庭園は、元は彦根藩・井伊家や高松藩・松平家の下屋敷であったところを大隈重信が購入し、1887（明治20）年に本邸が竣工したときに庭園も完成したといわれる。

1922（大正11）年の大隈重信の没後、その遺志によって庭園は邸宅とともに大学に寄贈・公開され、東京の新名所となった。その後、戦災によって大きな被害を受けることとなるが、戦後に復旧され、現在では、学生をはじめ庭園を訪れる多くの人たちの憩いの場となっている。

広い芝生と池泉を配した和洋折衷の庭園は、佐々木可村（鈴木柯村）が作庭し、諏訪の銀次郎（庭師）や渡辺華石（画家）がそれに協力して造園した。

庭園では、飛騨の古民家を移築した完之荘のほか、さまざまな銅像や記念碑、石造などの文化財が鑑賞できる。

③小野記念講堂

所在地：早稲田キャンパス27号館地下２階。206席（最大236席)。

小野記念講堂は、早稲田大学の学術研究・教育、文化・芸術の成果を内外に発信する拠点施設の一つとして、７号館内に設けられていたものを、2005年に完成した27号館（小野梓記念館）の地下２階に移設した。「文化活動の成果を発表し、さらに世界の文化と交流を図るためのホール」という理念を具現化した施設で、充実した映像・音響設備のほか、広い舞台袖、楽屋や控室などを完備する。2018年にリニューアルし、音響効果がさらに向上。演劇やコンサート、講演などの多様な用途に年間を通して活用されている。

小野梓記念館の地下１階にある「ワセダギャラリー」は、写真や絵画、造形、書などの企画展示スペースとして利用され、１階の南門通り沿いには、各種広報や写真・絵画などの小規模な展示ができるショーウィンドーが設けられている。

④安部磯雄胸像

所在地：早稲田キャンパス総合学術情報センター入口。

安部磯雄（1865-1949年）は、早稲田大学野球部の創設者であり、日本の野球の発展にも貢献。「日本野球の父」と呼ばれている。1899（明治32）年に東京専門学校の教員となり、1901年には早稲田大学野球部の初代部長に就任した。そして1905年に日本初の野球部のアメリカ遠征を果たし、本場の野球技術を持ち帰り、日本全国に伝えた。

一方で、大隈重信を説得し、現在総合学術情報センターのある土地に、戸塚球場を建設した。ここは安部の没後に「安部球場」と改称し、安部の功績を称えた。

また、安部は政治活動にも積極的に関わり、社会民衆党党首、社会大衆党執行委員長を歴任。衆議院議員などを5期務めた。

⑤石羊

所在地：早稲田キャンパス2号館・高田早苗記念研究図書館入口。

石羊は、李氏朝鮮時代に王陵や墳墓の守護として、円形の墓を守るように外向きに置かれたものである。

この石羊は、エリザベス・アンナ・ゴルドン氏が「ゴルドン文庫」として早稲田大学図書館に寄贈した2,000点を超える資料の一つである。

ゴルドン氏は、ヴィクトリア女王の女官を務めた後、1907（明治40）年より日本に在留し、比較宗教学などの研究を行なったほか、大隈重信とも親交を結んだ。その後、第一次世界大戦に従軍した長男が戦死する悲報を受け、帰国するに際して、図書や研究資料を早稲田大学に寄贈。これが「ゴルドン文庫」となった。

石羊は最初大隈会館に置かれたが、1925（大正14）年に図書館が新築された際、現在の場所に移設された。

⑥大隈記念タワー

所在地：早稲田キャンパス26号館。

大隈記念タワーは、2006年に早稲田の新しいランドマークとして竣工した。「第一世紀の早稲田」の象徴である大隈講堂の時計台が125尺（37.875m）であるのに対して、「第二世紀の早稲田」のシンボルである大隈記念タワーは、高さ250尺（75.75m）、地下2階、地上16階を誇る高層ビルとして建設された。

外壁が、大隈講堂と同じ色調のタイルで仕上げられた大隈記念タワーは、大隈講堂、小野梓記念館、會津八一記念博物館などとともに、早稲田キャンパスの歴史継承ゾーンに位置している。

⑦校歌歌碑

所在地：早稲田キャンパス正門近く。

早稲田大学校歌は、1907（明治40）年の創立25周年に合わせて制定された。当初、学生に対して2度にわたって歌詞の募集を行ったものの、そのなかに及第作がなかったため、審査にあたった坪内逍遙と島村抱月が校友の相馬御風に作詞を、東儀鉄笛に作曲を依頼した。当時のイギリスやアメリカの大学校歌を参考に作られ、「〜わせだ、わせだ」というエールは、坪内逍遙の発案によるものであった。以来「都の西北」は、日本で最も有名な校歌の一つとして、早稲田大学卒業生の心のよりどころとなっている。

この歌碑は校歌制定90年、相馬御風生誕115年にあたる1997年に建立され、御風直筆の歌詞が刻まれている。

⑧大学史資料センター

所在地：東京都西東京市東伏見3-4-1 東伏見STEP22、５階。利用時間は9:00～17:00。閉室日は土曜、日曜、祝日、大学が定めた休日。

大学史資料センターは、早稲田大学の歴史と創設者大隈重信および関係者の事績を明らかにし、これを将来に伝承するとともに、比較大学史（高等教育）の研究を通じて、早稲田大学の発展に貢献することを目的としている。1961年に図書館に設置された校史資料係から、大学史編集所への改組を経て、1998年に大学史資料センターとなり、2013年に東伏見キャンパスへ移転した。

主な業務としては、上記テーマに関する資料の収集・整理・公開を行っている。また、企画展示・講演会の開催や、『早稲田大学史記要』（年1回）、『大隈重信関係文書』（全11巻。2015年に完結）などの出版事業のほか、「百五十年史編纂事業」の事務局を担っている。

一方、2009年度より「早稲田学」を開講。大学教育の一環として自校史教育を行っている。

⑨早稲田スポーツミュージアム

所在地：戸山キャンパス早稲田アリーナ３階。開館時間は10:00～17:00。休館日は水曜、祝日ほか。入館料無料。

早稲田スポーツミュージアムは、1964年東京五輪のフェンシング会場にもなった戸山キャンパスの記念会堂跡地に新しく竣工した早稲田アリーナ３階に、2019年３月に開館した。

早稲田大学は、長年にわたり体育各部がそれぞれ輝かしい実績を挙げて学生スポーツ界を牽引するとともに、多くの優れたアスリートやスポーツ関係者を輩出してきた。このミュージアムでは、長い歴史を彩る栄光のシーンや象徴的なエピソード等を通じて、早稲田らしさと誇りを直に体感できるよう、実際に競技で使用した貴重なユニフォームなどを展示するほか、写真や映像コンテンツを豊富に配置している。

過去から現在の早稲田スポーツに係る関係者を検索できる「早稲田スポーツ名鑑」や、体育各部（44部）の資料を交替で展示するコーナーなど、訪れるたびに新たな発見がある。

⑩早稲田小劇場どらま館

所在地：東京都新宿区戸塚町1-101（早稲田南門近く）。

早稲田小劇場どらま館は、早稲田演劇の中核的拠点となる小劇場であり、早稲田大学の演劇サークルが公演を行っている。

もともとは世界的な演出家である鈴木忠志氏（1964年 第一政治経済学部卒）らが創設した劇団「早稲田小劇場」の芝居小屋であったが、鈴木氏が1976年に活動拠点を富山県利賀村に移したあとは、民間の貸劇場として運営されてきた。その後、早稲田大学が同施設を1997年に買い取り、「早稲田文化芸術プラザどらま館」の名称で学生演劇の活動拠点として活用。多くの演劇人を輩出してきたが、耐震強度不足のため、2012年に解体されることとなった。

しかし、再建を求める声が強く、2015年４月に鈴木氏承諾のもと、「早稲田小劇場」の名称を冠した新劇場「早稲田小劇場どらま館」として、再スタートを切ることとなった。

⑪「紺碧の空」記念碑

所在地：大隈会館前。

早稲田大学の第一応援歌「紺碧の空」の歴史は、1931（昭和6）年にさかのぼる。当時、熱狂的な人気を誇っていた早慶戦において、慶應義塾が1927年に応援歌「若き血」を発表。アップテンポでパワフルな歌に、早稲田の応援団は圧倒されるばかりであった。そうした状況を打開すべく、早稲田の応援部は学内募集した歌詞のなかから住治男氏の「紺碧の空」を選出。これに、コロンビア専属の古関裕而氏に作曲を依頼して、応援歌「紺碧の空」が誕生した。それ以来、「紺碧の空」は、早稲田スポーツの応援歌として歌い継がれている。

なお、この歌碑は、「紺碧の空」が45年目を迎えたことを記念して、1976年に建立された。

⑫地球科学岩石園（ロックガーデン）

所在地：早稲田キャンパス14号館前広場。

14号館前広場に、地表層から深部までを構成する様々な種類の岩石の標本を展示した地球科学岩石園（ロックガーデン）がある。ここには、数億年前という古い時代に海洋に生息していた放散虫と呼ばれるプランクトンの死骸が堆積してできた岩石「深海底からの手紙（層状チャート）」、20kmほどの深度で形成されたミグマタイト構造の岩石（溶けた部分と溶け残した部分が混ざった構造）「大陸地殻深部からの手紙（日高変成岩）」、60kmほどの深部から隆起して地表に表れた岩石「マントルからの手紙（カンラン岩）」が展示されている。

なお、これらの標本は、北海道様似郡様似町の株式会社南組のご厚意により寄贈されたものである。

⑬塩沢昌貞銅像

所在地：早稲田キャンパス3号館。

塩沢昌貞（1870-1945年）は、1891（明治24）年に東京専門学校英語政治科を卒業後、アメリカ・ウィスコンシン大学、ドイツ・ハレ大学、ベルリン大学に留学した。帰国後は、早稲田大学教授として経済学・財政学を教えた。また、1921（大正10）年には第４代学長、1923年には大隈重信死去に伴い、後継の第２代総長に就任した。

「大隈重信の知恵袋」と呼ばれたほか、東京専門学校の生え抜きとしても期待され、早稲田大学の発展に大きく貢献した。なお、この胸像は、大隈重信銅像と同じく、「東洋のロダン」と呼ばれた彫刻家朝倉文夫の作である。塩沢の古稀記念と政治経済学部長の功績を称えて、1940（昭和15）年に建立された。

⑭平和祈念碑

所在地：大隈講堂の脇、ガーデンハウスに向かう歩道の一角。

日中戦争から太平洋戦争にかけて、戦争で犠牲になった早稲田大学関係者（学生、校友、教職員）は、4,700名以上にのぼる。平和祈念碑は、こうした犠牲者への追悼と不戦の誓いのために、戦後45年を経た1990年の創立記念日に建立された。

祈念碑の台座の下には、戦没者の名簿が収められている。また、祈念碑の裏面には、太平洋戦争当時、文学部の学生だった堂園（後に宇都宮）満枝氏によって詠まれた「征く人のゆき果てし校庭に音絶えて　木の葉舞うなり黄にかがやきて」の和歌が刻まれている。この歌は、1944（昭和19）年秋に、空襲警報が鳴り響く間に詠まれたものだという。

3 早稲田大学の学部紹介

政治経済学術院

政治経済学部

政治学科　経済学科　国際政治経済学科

【学部概要】

Philosophy, Politics, and Economics

政治経済学部の教育の根本となる学問理念は、“Philosophy, Politics, and Economics”（PPE）です。公共哲学を中心に政治学と経済学を両輪とした、共生社会の善き生と正義の実現に寄与する学問研究の不断の追究の中から、在野の精神に立ってグローバル社会の未来を切り拓く自律的な次世代を創出すること、これこそが伝統の政治経済学部の使命です。

次世代のグローバル社会をリードできる共生と自律の精神を持った人材を育成

国際的に汎用性の高いカリキュラムを用意し、日英両言語によるハイブリッド型教育を推進しています。政治経済を中心にした国内外の諸問題に対して共生と自律の精神でグローバル社会をリードできる能力の開発を進めています。その一環としてインターンシップ等のキャリアデザイン科目も用意されています。卒業後は、政・財・官、国際機関、ジャーナリズム、大学院進学など、多彩なキャリアの道が開かれています。

【沿革】

1882(明治15)年に、早稲田大学の前身である東京専門学校の創設と同時に設置された政治経済学科が母体です。政治学と経済学の融合という当時としては画期的な指針のもとに発足し、その先進性は今に受け継がれています。現在は政治学科、経済学科、国際政治経済学科の3学科体制で、社会の原動力となってこれからのグローバル社会を切り拓いていくことのできる人材を育てています。

活躍する研究者

戸堂康之（とどうやすゆき）
政治経済学術院教授

社会・経済ネットワークが経済の成長や発展に及ぼす影響の実証研究に力を注ぐ。社会・経済ネットワークとは、地域や組織内の人のつながりや、組織を越えた人のつながり、企業間のサプライチェーンなどがその例。

国内外の実証研究によって、多様なネットワークが技術の進歩や企業の成長、経済の発展に寄与するということを明らかにした。

東日本大震災後に被災地の企業を対象として行った調査では、被災地外の企業との取引が多い企業のほうが、被災後に操業を早く再開したという結果が出た。反面、被災後の中期的な売上高の回復が早かったのは被災地内の企業との取引が多い企業であった。つまり、災害に対して強靭な経済を作るには、「よそ者」とのつながりも地域内の強い絆も併せ持った多様なネットワークを構築することが必要なのである。

【経歴】

東京大学教養学部卒業、スタンフォード大学Food Research Institute修士課程修了、同大学経済学部博士課程修了

法学学術院
法学部

【学部概要】

リーガル・マインドの修得とともに国際社会で主体的に活動できる能力を養う

国際化・情報化が進む社会で主体的に活動できる能力と、高度なリーガル・マインド（法的思考・判断力）を持った人材の育成を目指します。法科大学院にも多くの人材を送り出し、司法試験においても、法学部出身者は抜群の実績を誇っています。また、法曹に限らず公務員やマスコミ、一般企業で活躍する卒業生も数多く輩出しています。

多彩な未来に向けて、法律学と教養を体系的に学習可能なカリキュラムを編成

法律主専攻と副専攻の履修モデルが設定されており、法律学はもちろん、教養教育においても体系的な学習が可能です。1年次から民法や刑法などの専門科目を履修し、法律解釈などの応用分野に向けた道筋をつけます。また、資格試験や就職、大学院進学など、各自の進路に合わせて学べることも大きな特徴の一つです。

【沿革】

法学部は、1882（明治15）年に創設された早稲田大学の前身となる東京専門学校の法律学科として誕生しました。当初から、ハーバード・ロースクールで始められたばかりの新しい法曹養成教育を採り入れた教育が行われていました。以来、高い理想と進取の精神を持った多数の優れた人材を輩出。卒業生は法曹界のみならず、政界、官界、産業界、マスコミなど、あらゆる分野で社会に貢献しています。

活躍する研究者

青木則幸（あおき のりゆき）
法学学術院教授

米国の金融担保取引に関する研究に力を注ぐ。伝統的には大陸法の研究者が多い日本の民法学界であるが、産業や取引のグローバル化が進む今日、コモンロー圏の法制度の研究は不可欠であり、そうした新たな社会的要請に応える研究である。

基礎的理論にとどまらず、メザニン・ファイナンスやデュー・オン・セール条項など、同分野においてこれまで日本で紹介されたことのないテーマや、新たな着眼点からの研究を展開し、その分析は関連分野も俯瞰した広い視点からのものとなっている。

こうした学術的研究の一方、アメリカ留学後、アメリカの学者との学術的交流や助手・大学院生の交流を非常に積極的に行い、中国、韓国との研究交流においても、日本の担保法に関する研究成果を発表・公刊している。これらの成果は、今後日本の民法を英語で国際的に発信していくための基礎となるものである。

【経歴】
早稲田大学商学部卒、同大学院法学研究科修士課程修了

文学学術院

文化構想学部

文化構想学科

多元文化論系／複合文化論系／表象・メディア論系／
文芸・ジャーナリズム論系／現代人間論系／社会構築論系

【学部概要】

旧来の枠にとらわれない横断的な学びで 新たな「学」と「文化」の創出を目指す

現代社会を生きるための幅広い視野や教養を持ち、柔軟で豊かな発想力を駆使して、既存の枠組みを超えた新しい文化の世界をダイナミックに構想できる人材を育成します。6つの論系と22のプログラムで構成されたカリキュラムによって、系統的かつ領域横断的に学びながら、未来に向けた新しい学問の可能性を探求し、現代社会においてたくましく生きる力を身につけていきます。

ユニークで新しいテーマの授業が多く 卒業生は幅広い分野で活躍

ユニークで新しいテーマの授業が数多く設置されており、自分の関心に沿って学び、論系の枠を超えて履修できる自由なカリキュラムが大きな魅力です。卒業生は多種多様な職種において求められる基礎力を身につけているため、金融、公務員、国際ビジネス、マスコミ・ジャーナリスト、教育者・研究者など、活躍の場は多岐にわたります。

【沿革】

文化構想学部の基盤となる文学科は、1890(明治23)年に創設されました。以来、常に日本の人文科学研究・社会科学研究をリードし、学界、ジャーナリズム、創作や表現活動といった多彩な分野に数多くの人材を輩出してきました。従来の文学部を再編して開設された文化構想学部は、旧来の枠にとらわれず、文化研究、人文研究を大胆に展開し、新たな「学」の創出を目指す学部です。

活躍する研究者

十重田裕一（とえだ ひろかず）
文学学術院教授

日本文学・文化について世界の優れた研究者と対話を重ねながら個人研究・共同研究を推進。横光利一や川端康成など新感覚派の作家を中心に、近代日本文学とメディアとの相関、また、GHQによる日本の占領期における文学の検閲の実態などの研究を進めてきた。

近年の研究成果の一例として、コロンビア大学とのプランゲ文庫共同調査「GHQ占領期における検閲」、UCLAとの共同研究による「変体仮名あぷり」の開発などがある。「変体仮名あぷり」は、Yanai Initiativeの支援を受けて開発されたスマートフォン用アプリケーションで、日本の歴史的文献に興味がある人々が無料で利用できる。

コロンビア大学・UCLA・スタンフォード大学客員教授などを歴任。『次代の中核研究者』プログラムの支援を活用して、国内外の若手研究者の育成にも力を注ぐ。

【経歴】

早稲田大学第一文学部（当時）卒業、同大学院文学研究科日本文学専攻。博士（文学）

文学学術院
文学部

哲学コース／東洋哲学コース／心理学コース／社会学コース／教育学コース／日本語日本文学コース／中国語中国文学コース／英文学コース／フランス語フランス文学コース／ドイツ語ドイツ文学コース／ロシア語ロシア文学コース／演劇映像コース／美術史コース／日本史コース／アジア史コース／西洋史コース／考古学コース／中東・イスラーム研究コース

【学部概要】

古典と先端的学術研究を融合させた確固たる伝統に基づく教育を展開

日本の人文科学・社会科学研究をリードしてきた従来の文学部の「知」の財産を受け継ぎ、さらに発展させる学識豊かな人材の育成を目指しています。伝統的な学問体系をより洗練し、古典と先端的学術研究を融合させた18コースを展開。時代に即しながらもその波に飲まれることのない、確固たる伝統の学びを深化させていきます。

豊かな教養と見識を養い得意分野を活かす

18のコースは、充実した専門演習と講義を設置した独自のカリキュラムを有するとともに、広範な学問分野との接触を可能にしています。卒業生は学びの中で身につけた教養と見識を活かし、専門性の高い職種に就いており、教員、学芸員、研究職に就く学生が多い一方で、マスコミ系企業をはじめとする一般企業にも数多くの人材を輩出しています。

【沿革】

文学部の前身である文学科は、1890(明治23)年に創設されました。以来、常に日本の人文科学研究をリードし、学界、ジャーナリズム、創作や表現活動といった多彩な分野に数多くの人材を輩出してきました。2007年にスタートした新「文学部」は、従来の伝統的な学問分野を継承し、それをさらに発展させることにより、本学が長年蓄積してきた学問的財産を未来に継承しうる人材の育成を目指しています。

活躍する研究者

甚野尚志（じんの たかし）
文学学術院教授

宗教的な象徴と聖性の理念に満ちた中世ヨーロッパの世界を、その世界固有の論理に従って読み解くという研究スタイルを確立し、中世の聖職者知識人が提示した社会観を探求した。その後、中世の教会史や社会史の諸問題に研究対象を移行し、現在は、教皇権と地域教会の関係や、都市における教会の役割といった、より実証的な歴史研究に取り組む。

また、日本と西欧を比較し、中世社会の封建制度を追究した朝河貫一の先駆性と史学史上の意義を、現在の中世史研究に照らして再評価する研究に取り組んでいる。

また、2009年には「ヨーロッパ中世・ルネサンス研究所」を設立。ヨーロッパの中世とルネサンスの時期に形成された、社会や文化の諸相を、歴史学、哲学、文学、宗教学などの様々な分野から領域横断的に考察し、その本質的な特徴を解明していくことを目指している。

【経歴】
東京大学文学部西洋史学科卒業、同大学大学院人文科学研究科修士課程(西洋史学)修了。博士(文学)

教育・総合科学学術院
教育学部

教育学科　教育学専攻　教育学専修／生涯教育学専修／教育心理学専修　初等教育学専攻
国語国文学科　英語英文学科　社会科　地理歴史専修／公共市民学専修
理学科　生物学専修／地球科学専修　数学科　複合文化学科

【学部概要】

「教育」を軸とした幅広い学びにより実社会で必要とされる総合力を養う

学校だけでなく実社会でも教育の必要性が叫ばれている昨今、教員の需要が日々上昇していることに加え、日常のさまざまな場面で人材を育成することが求められています。本学部では、「教育」を学校教育に限定することなく、幅広い科目を設置。さまざまな角度から学び、あらゆる問題に柔軟に対処できる総合力を養う教育を展開しています。

多様な学生が集う環境で、広い視野と豊かな人間力を持った教育者が育つ

本学部は開放制教員養成の理念のもと、教員免許の取得を卒業要件としていません。

多くの卒業生が初等・中等教育機関はもちろんのこと、一般企業・マスメディア・官公庁・高等教育機関や研究機関など、さまざまな職域で活躍しています。また、より深い専門的知識の学修や専修免許の取得、あるいは研究職をめざして大学院へ進学する学生も多く、幅広い進路が開かれています。

このように、多様な価値観・目的を持った人間が集う学部だからこそ、広い視野と豊かな人間力を持った教育者を養成することができるのです。

【沿革】

教育学部は1903(明治36)年に創設された高等師範部を母体とし、早稲田大学が新制大学に移行した1949年、私立大学では最初の教育学部として設置されました。「広い意味での教育者を養成する」という伝統のもとに1万人を超える教員を輩出し、日本の教育界をリードしてきました。現在は、優秀な教育者の育成とともに、さまざまな社会分野の要求に応える個性的な人材の育成にも貢献しています。

活躍する研究者

澤木泰代（さわき やすよ）
教育・総合科学学術院教授

近年盛んに英語力育成の大切さがメディアで取り上げられているが、「英語ができる」とはどういうことか。言語能力は英語学習の目的や英語を使用する場面に応じてさまざまに定義することが可能であり、したがって、言語能力のどういった面をどのような方法でテストするかも、テスト実施の目的や受験者の特性によって変わってくる。

これまで、海外の大学・大学院に留学する際に必要となるトーフル（TOEFL）の妥当性の研究や、英語読解能力測定の研究などに携わってきた。現在はアカデミック・リテラシー育成の一環として、英文を読み、その要約を英語で書く力の評価と指導法の開発を研究テーマとする。日本人大学生が要約を書くうえで比較的得意とする面とそうでない面について診断的情報を与え、学習をサポートする方法を探る研究に特に力を入れている。

【経歴】

熊本大学教育学部卒、イリノイ大学修士課程（英語教授法）、カリフォルニア大学ロサンゼルス校博士課程（応用言語学）修了。博士（応用言語学）

商学学術院
商学部

【学部概要】

実社会の企業活動を題材とすることで「現場」に最も近い学びを展開

商学とは、ビジネスの仕組みを通して社会や経済を分析し、改善する方法を考える学問です。人、モノ、金、情報が世の中でどのようにつながり、人々の生活を変えているのかを見極め、社会をより良くする方策を考えていきます。学習内容は、実社会の企業活動を主な題材としているため、いち早く社会の動きを理解することができます。

グローバル・ビジネスの第一線を担う人材を育成するプログラムを提供

商学を構成するさまざまな分野を6つのトラックに系統立て、広く体系的に理解したうえで専門性を深められるカリキュラムを用意しています。また、グローバル・ビジネスの第一線を担う分析力と行動力を持った人材を育成することを目指し、独自の海外留学プログラムや、ビジネスの最前線に触れられる寄附講座等を数多く提供しています。

【沿革】

1904(明治37)年の大学部商科(本科)の開設に始まる、わが国最初の私立大学商学部です。校友数は約10万人に達し、日本の産業・経済社会をリードするとともに、政治・文化などの領域でも中心的役割を担う人材を数多く輩出してきました。こうした伝統を基盤にグローバル化が進む現代社会において、「商学(ビジネス)」の見地から社会を牽引できる深い学識と教養を備えたビジネス・リーダーの育成を目指した研究・教育活動を展開しています。

活躍する研究者

おおしかともき
大鹿智基
商学学術院教授

会計学の一分野「企業価値評価論」が専門。企業を取り巻くステークホルダーが多様化する中、株主、従業員、取引先、消費者、地域住民などと対立するのではなく、Win-Winの関係を築けることを証明したいとの問題意識で研究に取り組んでいる。たとえば、二酸化炭素の排出量と企業価値の関係について研究し、現在の利益を減らしてでも環境対策にコストをかけて排出量を少なくした企業に対し、株式市場が高い評価を与えることを実証(実際のデータを証拠として検証)した。

また、授業法の改善提案として、テキストを読んで予習するという従来型の仕組みの代わりに10分間の予習ビデオを製作する取り組みを2013年度から実践しているほか、高度授業TAの活用、ピアレビューの実施など、多くの試みに挑戦。これらの取り組みに対し、大学の顕彰制度であるe-Teaching Awardで、大賞を含む3回の受賞歴を有する。

【経歴】
早稲田大学商学部卒、同大学院商学研究科修士課程修了、同博士課程修了。博士(商学)

理工学術院
基幹理工学部

数学科　応用数理学科　機械科学・航空学科
電子物理システム学科　情報理工学科
情報通信学科　表現工学科

【学部概要】

新時代の基幹となる科学技術を創出できる技術者・研究者の育成を目指す

自動車や家電製品などの道具・機器が生み出される背景には、物質、材料、エネルギー、情報などに関する知識・技術の蓄積があり、その根底にあるのが数理科学および基礎工学の研究成果です。基幹理工学部では、「理」の基礎となる数理科学、「工」の基礎となる基礎工学に重点を置いた教育・研究を通して、新時代の基幹となる科学技術を創出する力を有した技術者・研究者の育成を目指します。

2年進級時に各自が所属学科を選択

入試の際には3つの学系ごとに募集を行い、学科所属は2年次からになります。1年次は学系ごとの共通カリキュラムにより数理科学および工学の基礎を固めるとともに、さまざまな専門分野に触れ、自分の関心のある領域や将来どんな分野で活躍したいかを見極めてから学科を選択します。また、「基幹共通科目」「基幹副専攻制度」といった学部独自の制度も設定しています。

【沿革】

早稲田大学は、日本の私立大学として初めて理工学部を設置しました。100年以上の伝統と歴史を受け継ぎながら、現在の基幹・創造・先進理工学部に発展し、日本や世界をリードする教育・研究のグローバル化を目指した新時代の「総合理工系」教育モデルを実現しています。理工3学部がそれぞれの特色を鮮明にした教育と研究を推進するとともに学部相互の教育・研究の交流、学部・大学院間の連携の強化により、急激に変化する社会や産業界のニーズに対応できる技術者・研究者を育成します。

活躍する研究者

戸川　望（とがわ　のぞむ）
理工学術院教授

IoT時代の「情報セキュリティ技術」の確立に取り組んでいる。特に、コンピュータシステムを構成する装置や機器などのハードウェアに対するセキュリティ技術の開発に力を入れており、その中に「ハードウェアトロイを発見する技術」の研究がある。ソフトウェアに侵入する「トロイの木馬」のハードウェア版が「ハードウェアトロイ」で、集積回路というハードウェアの中に不正に仕込まれ、不正動作を誘引する回路のことである。

ハードウェアトロイは大きな社会的リスクの要因となる。2020年にはIoTデバイスの数は世界で300億個を超えるとされる。そこで重要になるのがセキュリティ対策だ。あらゆるモノがネットワークでつながると、それだけで不正が起きる可能性が高まる。また、IoTデバイスの規格はさまざまに異なるため、画一的なセキュリティをとることが非常に難しく多様な外部攻撃を受ける危険が高いからだ。

【経歴】
早稲田大学大学院理工学研究科電気工学専攻博士後期課程修了、博士(工学)

理工学術院
創造理工学部

建築学科　総合機械工学科　経営システム工学科
社会環境工学科　環境資源工学科　社会文化領域

【学部概要】

社会を変えられる「実学」の展開により豊かな社会の創造に貢献できる人材を育成

人口や環境、資源、エネルギーなど、現代社会が抱える課題を解決するための科学技術には、これまでになく大きな期待が寄せられています。創造理工学部は「人間」「生活」「環境」の3つのキーワードに基づき、社会が直面する諸問題を科学技術の観点から解決するべく、5学科が密接に連携しながら教育・研究を推進し、豊かな社会の創造に貢献できる人材を育成します。

分野横断型の研究プロジェクトに取り組む

理工系連携と異文化融合による教育研究体制を確立することや、新たな学問領域の創成に力を注いでいます。また、海外との協働プロジェクトなどを強化して、国際性の高い教育・研究を実現しています。さらに、高度専門技術者に必要とされる教養の獲得を目的に、学科を横断する組織として「社会文化領域」を設置し、境界領域の研究にも取り組める体制を整えています。

【沿革】

早稲田大学は、日本の私立大学として初めて理工学部を設置しました。100年以上の伝統と歴史を受け継ぎながら、現在の基幹・創造・先進理工学部に発展し、日本や世界をリードする教育・研究のグローバル化を目指した新時代の「総合理工系」教育モデルを実現しています。理工3学部がそれぞれの特色を鮮明にした教育と研究を推進するとともに学部相互の教育・研究の交流、学部・大学院間の連携の強化により、急激に変化する社会や産業界のニーズに対応できる技術者・研究者を育成します。

活躍する研究者

岩田浩康（いわた ひろやす）
理工学術院教授

人間を支援するロボット技術（Robot Technology：RT）をキーワードに、リハビリ支援RT、医療支援RT、スポーツ習熟支援RT、知能化建機ロボット、新素材応用RT等、先端的研究を数多く手がけている。

その研究分野は多彩に広がり、現在、技能・心身機能を拡張するRT、実学としてのメディカル・ロボティクス、RTを手足のように扱うための直感的なヒューマン・インタフェース、生体計測デバイス開発に向けたバイオ・ナノ・エレクトロニクス等、健康大国である我が国の基盤をRTで形成する方法論を導出すべく精力的に活動している。

一方で、支援することで人間がロボットに依存し始める可能性も出てくる。しかし、人を退化させてしまわないようにロボットは活用されるべきものであり、人の技能や心身機能を拡張し、覚醒させるためのロボットテクノロジーが重要である。

【経歴】
早稲田大学理工学部卒、同大学院理工学研究科機械工学専攻博士課程修了、博士（工学）

理工学術院
先進理工学部

物理学科　応用物理学科　化学・生命化学科
応用化学科　生命医科学科　電気・情報生命工学科

【学部概要】

世界最高水準の研究・教育拠点として時代の最先端を行く新領域を創造する

自然科学を基礎として「物質」「生命」「システム」をキーワードに、先進的な教育・研究を展開。ナノテクノロジー、新エネルギー、環境、バイオテクノロジー、創薬など、時代の最先端を行く新領域のテーマに取り組んでいます。基礎と応用の相乗的融合を図り、理学・工学・医学の交流を活発にしながら、世界最高水準の研究・教育拠点として理工系の叡智を結集しています。

2つの学科にチャレンジできる入試制度

入試の理科科目では、物理・化学・生物のうち、得意とする2科目を選んで受験します。学科の併願はできませんが、第一志望学科とは別に、同一の理科解答パターンを持つ学科を第二志望とすることができます。低学年時には各学科の基礎となる学問体系を着実に修得し、高学年・大学院では学科・専攻の壁を超えた最新の学術分野における高度な知識と技術を身につけます。

【沿革】

早稲田大学は、日本の私立大学として初めて理工学部を設置しました。100年以上の伝統と歴史を受け継ぎながら、現在の基幹・創造・先進理工学部に発展し、日本や世界をリードする教育・研究のグローバル化を目指した新時代の「総合理工系」教育モデルを実現しています。理工3学部がそれぞれの特色を鮮明にした教育と研究を推進するとともに学部相互の教育・研究の交流、学部・大学院間の連携の強化により、急激に変化する社会や産業界のニーズに対応できる技術者・研究者を育成します。

活躍する研究者

関根　泰（せきね　やすし）
理工学術院教授

幅広い自然科学の分野の中でも、化学は物理学と並んで「センター・オブ・サイエンス（科学の中心分野）」と言われるが、そんな化学の中でも「センター・オブ・ケミストリー（化学の中心分野）」と言われるのが、触媒の研究である。

触媒反応が、私たちの暮らしを支える化学工業分野で、たいへん重要なプロセスだからだ。化学工業で使われる化学反応のじつに9割が触媒反応であると言われている。

たとえば、石油を蒸留してハイオクタンガソリンを得るには、硫黄の成分を除去する脱硫触媒を使う。また、石油からプラスチックを作るにも、石油を蒸留して比重を軽くしたナフサを各種の触媒によって、きれいにしたり変化を加えたりしている。

マーガリンなど身近な食品にも触媒が関わっている。触媒は社会の根底を支えているといっても過言ではない。

【経歴】
東京大学工学部卒、同大学院工学系研究科応用化学専攻博士課程修了。博士（工学）

社会科学総合学術院

社会科学部　社会科学科

【学部概要】

幅広い視点から総合的・学際的に学び 現代社会が抱える問題を解明する

複雑な社会問題を的確に把握・解明して、解決策立案能力を養います。学際性・臨床性・国際性を理念として、国内外におけるフィールドスタディを重視した実践的な教育を展開しています。学際・複合領域の学習に重点を置いたカリキュラムで、社会全体のスキームを主体的に創造できるスケールの大きな人間を育成します。

自由度の高いカリキュラムにより 目的や興味に応じた学びの設計が可能

学年の進行に従って、各学問分野への基本的アプローチとなるコア科目、基盤専門科目や先進専門科目など専門性の高い科目、問題や課題からのアプローチを多面的に組み合わせた学際科目を履修していくのが大きな特徴です。カリキュラムの自由度が高く、広範な科目を履修する中から、自分の目的や興味に沿って学ぶことができます。

【沿革】

社会科学部は1966年、社会科学を総合的・学際的に学ぶことのできる新構想の学部として創設され、既存の学問体系にとらわれない新しい教育・研究を展開してきました。以来、培ってきた「学際性」の伝統をいかし、さらなる発展を遂げるべく、専門性と総合性を兼ね備えたカリキュラムで、社会構想力を持った人材の育成を目指しています。

活躍する研究者

福永有夏（ふくなが ゆか）
社会科学総合学術院教授

国際経済法の研究者として、160 を超える国や地域が加盟しているWTO（世界貿易機関）の紛争解決制度の研究を行い、その成果を国際投資紛争仲裁との比較研究に発展させている。

現在、TPP（環太平洋パートナーシップ協定）やFTA（自由貿易協定）、EPA（経済連携協定）も注目されている。いずれも国ごとの事情や思惑が異なる交渉を経た協定であり、その意義を見極めるには法的な知識を軸とした多角的な視点が必要とされる。

ジュネーブの国際開発高等研究所の研究員や、オランダ・ハーグの常設仲裁裁判所法務官補佐を歴任し、紛争処理の現場での実務経験も豊かであり、研究者であると同時に法律家として、貿易や投資に関する裁判や国際協定の策定に関してアドバイスを行っている。

【経歴】

一橋大学法学部卒業。東京大学大学院法学政治学研究科修士課程修了、同博士課程退学、博士（法学）。カリフォルニア大学バークレー校法科大学院修士課程修了。ニューヨーク州弁護士資格

人間科学学術院

人間科学部

人間環境科学科　健康福祉科学科　人間情報科学科

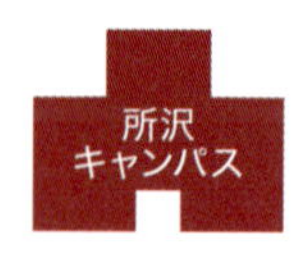

【学部概要】

「人間」を軸に学問領域の枠を越えて バランスのとれた文理融合教育を展開

「人間環境」「健康福祉」「人間情報」という3つのキーワードから学科が構成されていますが、従来の縦割り的な構造ではありません。各学科では、心理学・社会学・医学・工学・情報科学などの学問領域の枠を越えた文理融合教育で、スタイルにとらわれない学際的な学びができます。また、優秀な成績で単位を修得している学生には「3年卒業制度」を設け、大学入学後5年間で大学院修士課程を修了することが可能です。

実践的かつ体系的な学びを通じて “俯瞰するチカラ”を養うカリキュラム

真摯な人間性の追究のもとに、高度な研究者や職業人となる基礎を身につける学びを提供しています。具体的には、学生の主体性・継続力を高めながら、課題発見力・状況把握力・創造力・発信力などに優れた能力を育み、異領域・異職種間のマネジメントや新しい実践をデザインする人材を社会に送り出すことを目指しています。

【沿革】

早稲田大学創立100周年記念事業として1987年に創設された人間科学部は、現代の細分化した科学研究を、「人間」を軸に再統合し、今日的課題を学際的アプローチによって解決することを教育・研究の目的にしています。2003年に人間環境・健康福祉・人間情報というキーワードのもとに現在の3つの学科に再構成され、2017年には創設30周年を迎えました。当学部には、人間科学という広範な学問フィールドを、広く深く学べる充実した環境が整っています。

活躍する研究者

松本　淳（まつもと　じゅん）
人間科学学術院教授

化学（分子）の視点から、対流圏大気におけるオゾンや窒素酸化物の反応など、大気微量成分の挙動を研究している。

従来のレーザーを用いた分光学的手法による大気中のNOx成分の超高感度測定技術を背景に、大気中で消費された極微量のオゾン濃度を高精度で測定する手法を確立し、大気や植物から放出される反応性物質の測定に成功した。この測定技術は世界的にも大変独創的で、世界に先駆けた成果である。

この技術は、これまでとは全く異なる視点を大気環境化学研究に導入するものであり、今後の大気環境化学研究を大きく推進してゆく可能性をもっている。将来的には光化学オキシダント（対流圏オゾン）や微小粒子（$PM_{2.5}$）の研究への応用も期待される。大気環境モニタリング技術の面から環境先進国としての日本を支えるものとして高く評価される。

【経歴】

東京大学理学部化学科卒、同大学院理学系研究科化学専攻修士課程修了、同博士課程修了

スポーツ科学学術院
スポーツ科学部

スポーツ科学科

スポーツ医科学コース／健康スポーツコース／トレーナーコース／スポーツコーチングコース／スポーツ教育コース／スポーツビジネスコース／スポーツ文化コース

【学部概要】

学問としての「スポーツ」を科学的に追究 グローバル化にも対応した教育を展開

学問としての「スポーツ」は極めて総合的であり学際的です。スポーツ科学部では、自然科学系の学問から人文・社会科学系の方法論まで、幅広いスポーツの知識・技術を学べます。また、グローバル化の現状を踏まえ、英語力の向上を目指した独自の「スポーツ英語」を開講。さらに、学部独自の海外プログラムもあり、国際力を磨くことができます。

多彩なフィールドでスポーツマインドをいかす

スポーツ科学部生は、入学後、自分の興味や関心に応じて７つのコースの中から1つを選択して専門性を深め、社会に羽ばたいていきます。卒業生の進路は保健体育の教員やトレーナー、スポーツ指導者などに限らず、スポーツに直接関連しない分野にも拡がっています。近年はより深い専門性を求めて、大学院スポーツ科学研究科への進学者も増加しています。スポーツ科学部で培われた「スポーツマインド」はさまざまなビジネスや教育・研究の現場など、実社会の多彩なフィールドで活かすことが可能です。

【沿革】

スポーツ科学部は、スポーツが社会にもたらす可能性を多彩な視点から追究することを目的に、2003年に創設されました。競技者としての経験のないスポーツ愛好者、一層の飛躍を目指すアスリートなど、さまざまな学生が共に学んでいます。スポーツマインドと幅広い化学的素養を併せ持ち、実社会の多彩な分野で活躍できる行動力やリーダーシップに富んだ人材を育成しています。

活躍する研究者

川上泰雄（かわかみやすお）
スポーツ科学学術院教授

さまざまな生体計測を通して、人間のスポーツパフォーマンスの獲得過程の解明、中高齢者のメタボリック・ロコモティブシンドロームなどの評価や予防方法の確立といった研究を進めている。それは超高齢化社会が進む日本において、健康寿命延伸や高齢者の体力的・社会的自立、介助人口の減少といった観点から極めて重要な課題の解決につながる。また、子どもから大人にわたる幅広い身体能力レベルの人々を対象に、実行可能かつ効果的な運動プログラムの作成に取り組んでいる。さらに、一流アスリートなど身体能力レベルが極めて高い人間の身体的特徴や動きの「コツ」を明確化させ、身体能力を向上させる手がかりを調べている。これらの成果は、競技スポーツ現場や学校教育現場における指導法の改善、一般社会における身体能力改善・向上のためのアドバイスの提供などにもその応用が期待できる。

【経歴】
東京大学教育学部卒、同大学院教育学研究科修士課程修了、同博士後期課程退学

国際学術院
国際教養学部　国際教養学科

【学部概要】

多様な文化や考え方に接する機会を通じて「世界を生き抜く力」を育む

約50カ国から学生が集まり、3人に1人は外国人留学生という国際性に富んだ学習環境が、日常的に多様な文化や考え方に接する機会を生み出しています。主として英語による活発な意見交換を通じて、社会の既成概念を批判的かつ論理的に分析する力を養成。「世界を生き抜く力」を身につけ、現代社会が抱える多様な課題に対し、多角的な視野と見識を持って対応できる人材を育成します。

世界へ広がる進路と人的ネットワークを形成

幅広い視野と論理的思考力、国際感覚、優れた語学力を身につけた学生は、変化が著しい現代の国際社会に適した人材として多種多様な分野から期待されています。卒業後の活躍の場は、就職・進学先ともに、日本国内のみならず世界各地に広がっています。また、多様なバックグラウンドを持ち世界各地から集まったクラスメートたちと築いたネットワークは、将来の貴重な財産となるでしょう。

【沿革】

欧米社会において、リベラルアーツ系大学は、政界・経済界・文学界などあらゆる分野の第一線で活躍する人材を輩出してきました。2004年に創設された国際教養学部では、専門分野について研鑽することを目的とした学部とは一線を画し、あえて専門分野に特化せずに少人数指導の中で、ものの考え方を養うことに重点を置き、早稲田大学が培ってきた伝統や幅広いネットワークを融合させた独自のリベラルアーツ教育を実践しています。

活躍する研究者

DETEY, Sylvain Matthieu Julien
(ドゥテ シルヴァン マッチュウ ジュリアン)
国際学術院教授

フランス本国ならびにフランス語圏の研究者を中心に行われているフランス語音声コーパスプロジェクト、PFC（現代フランス語の音韻論）の重要な部門であるPFC-EF（現代フランス語の音韻論-フランス語教育）、およびIPFC（現代フランス語の中間言語音韻論）を推進する中心的な研究者として活動。広汎にわたるコーパス（言語研究のために大量に集積された書き言葉・話し言葉のテキスト）データの実証研究では、コーパス研究の有効性を明らかにして新たな学術的知見をもたらし、また、そのていねいな議論には説得力がある。またフランス語の規範的発音だけでなく社会言語的バリエーションに関してもコーパスで提供している点の教育的価値は特筆に値する。フランス語学習者がバランスの取れた言語観を養い、自然なフランス語発音を習得するうえで、その研究成果は国内外を問わず今後望ましい波及効果が期待されている。

【経歴】

フランス・トゥールーズ第2大学卒、同大学院で修士号・博士号(Ph.D.)を取得。

Area 3

•

「聳ゆる甍」をたどる

本学で学び育った人々が、様々な分野や地域社会、国際社会でその個性を存分に発揮し、独創的な貢献を果たして新しい時代を切り拓いていくことは、建学の理念の具現化という点でも、大きな意味のあることである。

本エリアでは、そうした本学の誇る傑出した校友や関係者を、早稲田の杜に「聳ゆる甍」になぞらえ、多士済々の人物像を幅広く紹介する（ここでは故人のみを取り上げた）。

政治家

写真：共同通信社

斎藤隆夫（さいとうたかお）

政治家。1870（明治3）年兵庫県に生まれる。東京専門学校（現早稲田大学）卒業後、イェール大学大学院にて政治学を学ぶ。弁護士を経て、1912年に立憲国民党所属の衆議院議員に当選。以後、立憲同志会、憲政会、立憲民政党に所属した。

浜口雄幸内閣のときに内務政務次官、第二次若槻礼次郎内閣で法制局長官、そして斎藤実内閣ではふたたび内務政務次官を歴任した。

孤高の自由主義者で、軍国主義的傾向を批判。1935（昭和10）年、陸軍パンフレット・軍事費偏重批判演説に続き、1936年には二・二六事件に対する粛軍演説を行い痛烈に軍部を批判した。そして、1940年には、日中戦争処理に関して戦争批判演説を行ったことから懲罰に付され、議員を除名された。

戦後は、日本進歩党の結成に参加、第一次吉田茂内閣および片山哲内閣の国務大臣を務めた。1949年没。

歴史学者

写真：共同通信社

朝河貫一（あさかわかんいち）

歴史学者。1873（明治6）年福島県に生まれる。東京専門学校文学科を首席で卒業し渡米。ダートマス大学で学んだあと、イェール大学大学院に進学し、ヨーロッパ中世史、日本制度史などを研究する。

1902年には、『大化の改新』（英文）で博士号を取得。2年間の日本留学を経て帰米し、イェール大学の教員となって、日本外交論、東洋近代史などを担当した。その著作『入来文書』（英文"The Documents of Iriki"）は世界的に有名。

日露戦争以降の日本の動向に警鐘をならすと同時に、日本の立場の弁明にも努めたが、日米開戦後も迫害を受けることなく大学に勤務し、定年退職した1942（昭和17）年には名誉教授の称号を得た。

主な著書としては、『日露衝突』『日本の禍機』『日本初期の社会制度』『荘園研究』などがあげられる。朝河の研究は欧米のみならず日本の学界にも影響を与えた。1948年没。

歴史学者

大学史資料センター蔵

津田左右吉（つだそうきち）

歴史学者。1873（明治6）年岐阜県に生まれる。1891年東京専門学校邦語政治科を卒業後、歴史学者の白鳥庫吉に師事。中学教員ののちに、白鳥が開設した南満州鉄道満鮮歴史地理調査室研究員となり、満蒙および朝鮮の歴史地理的研究を行った。1913（大正2）年には『神代史の新しい研究』、1916年からは『文学に現はれたる我が国民思想の研究』を刊行し、文献批判にもとづく実証的研究を展開した。

1918年より早稲田大学講師、のち教授となり、『神代史の研究』『古事記及日本書紀の研究』などの研究業績を発表。しかし、1940（昭和15）年に、『日本上代史研究』以下四著に関して、皇室の尊厳を冒涜したとして発禁処分を受け、出版者の岩波茂雄とともに出版法違反で起訴、早大教授辞任を余儀なくされた（1944年免訴）。1949年に文化勲章受章。1961年没。

実業家

写真：朝日新聞社

大原孫三郎（おおはらまごさぶろう）

実業家。1880（明治13）年岡山県に、倉敷紡績（クラボウ）の創業者である孝四郎の三男として生まれる。1897年に東京専門学校へ進学。足尾銅山の鉱害地を視察して、企業の社会的責任を痛感。学校中退後に帰郷し、社会事業家・石井十次を知り、キリスト教に入信。倉敷を東洋の聖地にすべく、育英事業である大原奨学会や倉敷教育懇話会の設立などに奔走した。

1906年に父の後を継ぎ、倉敷紡績の社長に就任。工員の労働環境や待遇の改善に努めた。一方で、社会・労働問題の真の解決を目指し、大原社会問題研究所、倉敷労働科学研究所、大原農業研究所を創設。また、倉敷中央病院や大原美術館の設立など、社会事業に大いに尽力した。

後に、中国水力電気会社（現、中国電力）、中国合同銀行（現、中国銀行）などの社長や頭取も務め、岡山県の経済振興に貢献した。1943（昭和18）年没。

社会運動家

大山郁夫（おおやまいくお）

社会運動家、政治学者、政治家。1880（明治13）年兵庫県に生まれる。1905年早稲田大学大学部政治経済学科を卒業。アメリカ、ドイツに留学後、1914（大正3）年より早稲田大学教授となり、大正デモクラシーを牽引する。

1917（大正6）年、早稲田騒動の際に、同僚の解雇に反対して大学を辞職、大阪朝日新聞社に入社。論説委員として民本主義の論陣をはるが、米騒動時の大阪朝日新聞筆禍事件（白虹事件）により同社を退社し、早稲田大学に復帰。軍事研究団反対運動への参加を契機に、大学の自治擁護運動を担う。1926（昭和元）年に労働農民党中央執行委員長に就任。同党解散の後、新労農党を結成し、衆議院議員に当選するが、弾圧強化のなか、1932年にアメリカに亡命する。

1947年に帰国後は、平和運動に取り組み、1950年には参議院議員となる。1951年に国際スターリン平和賞を受賞。1955年没。

実業家

写真：東京地下鉄

早川徳次（はやかわのりつぐ）

実業家、東京地下鉄道の創設者。1881（明治14）年山梨県に生まれる。1908年に早稲田大学大学部法学科を卒業後、南満州鉄道総裁となった後藤新平を慕い、満鉄に入社する。しかし、後藤の逓信大臣就任を機に満鉄を辞職し、中部鉄道管理局に転職する。その後、同郷の根津嘉一郎に見込まれ、根津が社長を務める高野登山鉄道（現、南海電鉄高野線）の支配人に就任、会社再建に尽力した。

1914（大正３）年には欧州を視察、ロンドンなどの地下鉄の調査を行う。帰国すると、ただちに日本における地下鉄建設に取り組み、渋沢栄一らの協力も得て、1920年に東京地下鉄道を設立。1927（昭和２）年に上野-浅草間（現在の東京メトロ銀座線）を、1934年には上野-新橋間を開通、「地下鉄の父」と呼ばれた。

しかし、五島慶太率いる東京高速鉄道との間で経営権などを巡る争いが起こり、これに敗れるかたちで引退を余儀なくされた。1942年没。

政治家

写真：共同通信社

松村謙三（まつむらけんぞう）

政治家。1883(明治16)年富山県に生まれる。1906年に早稲田大学大学部政治経済学科卒業、報知新聞記者となる。富山県議を経て、1928(昭和3)年に立憲民政党より立候補し衆議院議員に当選する。以後、1946～1951年の公職追放期間を除き、衆議院議員に13回連続当選する。

戦後、1945年東久邇宮内閣の厚生大臣で初入閣。つづく幣原内閣でも農林大臣を務め、第一次農地改革を推進した。その後、戦前に大政翼賛会の推薦議員だったことなどを問われ公職追放。解除後は、1953年改進党幹事長、1954年日本民主党結成に参加、1955年には第二次鳩山一郎内閣の文部大臣に就任する。

1959年以来、5回にわたる訪中を行い、中日友好協会会長の廖承志や周恩来と信頼関係を築き、日中の国交回復に尽力。1962年の「日中長期総合貿易に関する覚書」締結に貢献した。1969年政界引退。1971年没。

詩人、歌人

写真：共同通信社

北原白秋（きたはらはくしゅう）

詩人、歌人。1885(明治18)年福岡県に生まれる。本名は隆吉。中学校時代より雑誌に短歌や詩を投稿する。1904年に早稲田大学高等予科に入学するが、まもなく中退。1906年に与謝野鉄幹の新詩社に参加。『明星』に詩歌を発表して新進作家の筆頭となる。

1908年に、吉井勇、木下杢太郎らと新詩社を脱退し、詩人や洋画家が集う「パンの会」の結成や、雑誌『スバル』の創刊に参画。耽美主義運動を牽引した。1909年には処女詩集『邪宗門』、1911年には抒情小曲集『思ひ出』を刊行し、名声を得る。

一方で、1913(大正2)年に歌集『桐の花』を刊行し、短歌の世界に象徴詩の手法を取り入れて注目される。これらの活動は、『ARS(アルス)』などの文芸誌に継続されていったが、後年は童謡、民謡、小唄など多彩な領域でも活躍。近代日本を代表する国民的詩人として親しまれた。1942(昭和17)年没。

建築家

写真：共同通信社

村野藤吾（むらのとうご）

建築家。1891(明治24)年佐賀県に生まれる。1918(大正7)年に早稲田大学大学部理工科建築学科を卒業する。大阪の渡辺節(せつ)建築事務所に入所し、大阪商船神戸支店、大阪ビルディング本店、綿業会館などの設計に携わった。

1929(昭和4)年に独立して村野建築事務所を設立。戦前は、大阪・十合百貨店(1935年)、宇部市民館(1937年)などを、そして戦後は東京・そごう読売会館(1957年)、早稲田大学文学部校舎(1962年)、日本生命日比谷ビル(1963年)、箱根プリンスホテル(1978年)などを設計する。

1953年に設計された広島の世界平和記念聖堂は、戦後の建築物として初めて国の重要文化財に指定された。一方で、近代建築物として初めて国宝に指定された迎賓館の改修も手がけた。

古典様式からモダニズムまで、幅広い手法を取り入れ高い評価を得た。1955年日本藝術院会員となり、1967年には文化勲章受章。1984年没。

小説家

えどがわらんぽ
江戸川乱歩

推理小説家。1894(明治27)年三重県に生まれる。本名は平井太郎。ペンネームは、アメリカの推理作家エドガー・アラン・ポーをもじったもの。

早稲田大学大学部政治経済学科卒業後、貿易会社や古本屋など多彩な職業を転々としたのち、1923(大正12)年に「二銭銅貨」で文壇にデビューする。その後、本格的トリック、斬新な着想、幻想的怪奇嗜好をベースに、「屋根裏の散歩者」「人間椅子」「陰獣」「孤島の鬼」などの作品を発表した。一方で、「怪人二十面相」「少年探偵団」など少年向け推理小説なども多数執筆し、日本の推理小説の礎を築いた。

戦後は、推理小説の普及と後進の育成に努め、1947年に探偵作家クラブの初代会長を務めたほか、1954年には還暦を記念して江戸川乱歩賞を設立。若手推理小説家の登竜門となり、陳舜臣、西村京太郎、森村誠一、東野圭吾など優れた作家を輩出した。1963年日本推理作家協会初代理事長に就任。1965年没。

政治家

大学史資料センター蔵

あさぬまいねじろう
浅沼稲次郎

政治家。1898(明治31)年東京三宅島に生まれる。1918(大正7)年に早稲田大学予科に入学し、民人同盟会や建設者同盟の結成に参加する。1923年に大学部政治経済学科を卒業するが、その年の5月には早大軍事研究団反対闘争を指揮した。1925年、無産政党農民労働党の結党に参加し、書記長に就任。しかし即日解散の命令を受けることとなった。翌1926(昭和元)年に労働農民党を創立し、組織部長として新潟県木崎村争議などを指導した。その後1932年に社会大衆党に入党、1936年に衆議院議員となる。

戦後は日本社会党結成に参加、1948年には書記長に就任する。1951年の社会党分裂時には右派に属し、1955年の統一大会では再度書記長の座に就いた。1960年3月に社会党中央執行委員長となり、安保闘争を指導する。同年10月12日、東京・日比谷公会堂で演説中に、右翼の少年・山口二矢によって刺殺された。

「人間機関車」「ヌマさん」の愛称で人々から親しまれた。

小説家

写真：朝日新聞社

いぶせますじ
井伏鱒二

小説家。1898(明治31)年広島県に生まれる。本名満寿二。早稲田大学文学部、日本美術学校をともに中退。

1929(昭和4)年に短編小説「山椒魚」を発表し、成長しすぎて岩屋に閉じ込められてしまった山椒魚の悲哀をユーモラスに描いて注目される。1938年には『ジョン万次郎漂流記』その他で直木賞を受賞したほか、駐在巡査の日誌という形式を採った『多甚古村』(1939年)などでその地位を確立した。

戦後は、戦争による傷の癒えぬ元士官を描いた「遥拝隊長」(1950年)や、休診日に来院してしまう庶民の姿を描き第1回読売文学賞作となった「本日休診」(1949～50年)などを執筆した。

また1966年には、広島における原爆被害の悲劇を扱った大作『黒い雨』を出版し、野間文芸賞を受賞。歴史小説や翻訳も手がけ、旅や釣りに関する随筆も数多い。

1966年に文化勲章受賞。1993年没。

外交官

写真：NPO杉原千畝命のビザ

杉原千畝（すぎはらちうね）

外交官。1900（明治33）年岐阜県に生まれる。早稲田大学高等師範部英語科を中退後、1919（大正８）年に、外務省の官費留学生としてハルピンでロシア語を学んだ後、同省に採用される。

リトアニアの日本領事館領事代理として勤務していた1940（昭和15）年夏、ナチス・ドイツの迫害を逃れようとするユダヤ系難民などが、日本を経由して第三国に移住するため、査証を得ようと日本領事館につめかけた。それに対し外務省は発給許可を出さず、杉原は独断で査証を発給した。その後、領事館閉鎖までの約１ヵ月間、杉原は査証を出し続け、それによって6000人以上の避難民を救ったと言われる。

1947年に杉原は帰国するが、査証の独断発行を理由に、外務省からの退官を余儀なくされる。しかしイスラエルからは、勲章と「諸国民の中の正義の人賞」が授与された。1986年没。なお早稲田キャンパスに杉原の功績を称えたレリーフが設置されている。

画家

写真：共同通信社

難波田龍起（なんばたたつおき）

洋画家。1905（明治38）年北海道に生まれる。1923（大正12）年に第一早稲田高等学院入学。このころから高村光太郎のアトリエを訪れるようになり、生涯にわたり慕う。

1926（昭和元）年に早稲田大学政治経済学部に入学するが、翌年中退。1928年、光太郎に紹介された川島理一郎主催の絵画研究会の「金曜会」に入り、山口薫、矢橋六郎らと知り合う。1929年には、国画会展で初の入賞を果たす。1935年には金曜会の有志と「フォルム」を結成、翌年に第1回フォルム展を開催した。1937年に自由美術家協会の結成に会友として参加、翌年には会員に推挙される。

戦後は、抽象画家として活躍。1959年に自由美術家協会を退会し、以後は個展を中心に活動した。1978年、銅版画集『街と人』『海辺の詩』を刊行。1987年に東京国立近代美術館で回顧展を開催、翌年毎日芸術賞を受賞。1996年文化功労者として表彰。1997年没。

政治家

写真：共同通信社

廖 承志（りょうしょうし）

中国の政治家。1908（明治41）年、両親の日本亡命中、東京に生まれる。父は国民党左派の指導者の廖仲愷、母は女性運動指導者の何香凝。

1919（大正8）年に中国に帰国、1927（昭和2）年に再度来日して第一早稲田高等学院に入学。翌年、済南事件関係の排日デモを組織して逮捕され送還される。同年、中国共産党に入党し、その後ヨーロッパで活動、ソ連を経由して1932年に帰国する。紅軍の長征に参加後、周恩来の指導の下、香港で抗日民族統一戦線工作に従事した。

中華人民共和国成立後は、共産党幹部となり、対日関係および華僑への工作を指導した。1962年には、日中の国交に尽力してきた松村謙三の後押しにより日本の民間代表である高碕達之助と「LT貿易覚書」を締結し、日中貿易の礎を作った。中日友好協会会長なども務め、日中国交回復に貢献した。1982年、中国共産党中央政治局員に選ばれ、翌年に国家副主席就任を目前に急逝。

実業家

大学史資料センター蔵

井深 大（いぶか まさる）

実業家、技術者、ソニー創業者の一人。1908（明治41）年栃木県に生まれる。1933（昭和8）年に早稲田大学理工学部電気工学科を卒業する。在学中に「走るネオン」を発明し、のちパリ万国博覧会では優秀発明賞を受賞した。卒業後は、写真化学研究所に入社、その後日本測定器の常務となり、このとき盛田昭夫と出会う。

戦後は盛田らとともに、東京通信工業を設立、1950年には社長に就任する。1958年には「ソニー」と改称、1971年には会長に就任した。

井深は、先進的な技術開発を主導し、テープレコーダーやトランジスタラジオの開発をはじめ、トリニトロンカラーテレビ、「ウォークマン」など、数々のヒット商品を生み出した。そして、盟友の盛田とともに、ソニーを世界的な大企業に育て上げた。また、井深は幼児教育にも関心が深く、幼児開発協会理事長も務めた。1997年没。

スポーツ選手

写真：共同通信社

三原 脩（みはら おさむ）

プロ野球選手、監督。1911（明治44）年香川県に生まれる。県立高松中学、早稲田大学では内野手として活躍。

1931（昭和6）年の春季早慶戦では、慶應の水原茂投手を相手にホームスチールを敢行し、早慶戦史に名を残した。大学中退後の1934年には、大日本東京野球倶楽部（現、読売ジャイアンツ）と契約。日本で第一号のプロ野球選手となる。

戦後の1947年、巨人の監督となるが、1950年にシベリア抑留から帰国した水原茂が監督に就任したため、1951年に巨人を追われるかたちで西鉄ライオンズの監督となる。西鉄では、1956年から3年間、水原率いる巨人と日本シリーズで争い、3回連続で日本一に輝いた。

1960年にも移籍1年目に、前年最下位だった大洋ホエールズを日本一に導いた。その後、近鉄バファローズ、ヤクルトアトムズの監督を歴任。類まれな采配は「三原マジック」と言われた。1984年没。

俳優

写真：共同通信社

森繁久彌（もりしげ ひさや）

俳優。1913（大正2）年大阪府に生まれる。1934（昭和9）年に早稲田大学商学部へ進学し、演劇研究部に所属する。しかし1936年に大学を中退し、東京宝塚劇場に入社、1939年にはNHKに入局。アナウンサーとして、満州に赴任した。1946年に帰国した後、並木鏡太郎監督の喜劇映画『腰抜け二刀流』で映画初主演を果たす。以後、喜劇映画に多数出演することになる。

1952年、森繁の出世作となる源氏鶏太原作の喜劇映画『三等重役』に出演。河村黎吉扮する社長に振り回される人事課長の役を演じ、高い評価を得た。その後、織田作之助の小説を映画化した『夫婦善哉』、人気喜劇映画シリーズの『社長シリーズ』『駅前シリーズ』など200本以上にわたる映画に出演。

また、1967年初演のミュージカル『屋根の上のヴァイオリン弾き』では、1986年まで900回にわたり主人公テヴィエを演じた。2009年没。

スポーツ選手

写真：共同通信社

大西鐵之祐（おおにしてつのすけ）

ラクビー選手、ラグビー指導者。1916（大正5）年奈良県に生まれる。早稲田大学に入学後、兄が監督を務めていたラグビー部に入部し、名フランカーとして活躍。1939年に商学部を卒業し東芝へ入社するが、1940年に陸軍に入隊。その後、南方戦線で過酷な戦闘体験をする。

戦後は、1950年に早稲田大学ラグビー蹴球部の監督に就任。5年間で3回の大学日本一を達成した。以後も2度にわたり、通算で9年間、同部監督を務める。

1966年には日本代表の監督に就任。日本人の敏捷性を活かす「展開・接近・連続」の戦術を編み出した。1968年にはニュージーランドのオールブラックス・ジュニアを23対19で破ったほか、1971年にはラグビー発祥国イングランドを接戦で追い詰めるなど、世界の舞台でも活躍した。1995年没。

ロボット工学者

写真：共同通信社

加藤一郎（かとういちろう）

ロボット研究者。1925（大正14）年千葉県に生まれる。1950年、早稲田大学理工学部卒業。1963年に早稲田大学理工学部機械工学科助教授、1967年に同教授に就任する。

加藤を中心としたグループは、1970年より学科横断プロジェクト「WABOT」を開始。1973年には、二足歩行や簡単な会話機能、視覚システムを備えた、世界初の本格的人間型知能ロボット「WABOT-1」を開発した。

その後、「WABOT-1」以降に蓄積された研究成果をベースに、巧みさが求められる鍵盤楽器演奏に目標を絞り込んで開発に取り組み、1984年には音楽演奏ロボット「WABOT-2」を完成させる。これは楽譜を目で認識し、両手両足で電子オルガンを演奏するほか、人間の歌声に合わせて伴奏する能力も備えている。

加藤は在職中の1994年に逝去するが、その研究は引き継がれ、2000年4月の早稲田大学ヒューマノイド研究所の発足につながっていく。

映画監督

写真：共同通信社

今村昌平（いまむらしょうへい）

映画監督。1926（大正15）年東京に生まれる。1951年、早稲田大学第一文学部西洋史学科を卒業し、松竹大船撮影所に入社する。小津安二郎や野村芳太郎の助監督を務めた後、1954年に師事していた川島雄三とともに、日活に移籍する。

1958年、旅役者の一座と村人との人間模様を描いた『「テント劇場」より　盗まれた欲情』で監督デビューを果たす。その後、基地の街・横須賀を舞台に主人公のチンピラとヤクザとの抗争を描いた『豚と軍艦』によって「重喜劇」を確立。東北の農村出身の女性のエネルギッシュな人生を描いた『にっぽん昆虫記』は、ベルリン国際映画祭銀熊賞（主演女優賞）をはじめ様々な賞を受けた。その後、『楢山節考』と『うなぎ』で2度のカンヌ国際映画祭パルム・ドール賞を受賞した。

一方で、1975年に横浜放送映画専門学院（現、日本映画大学）を設立。次世代の育成にも尽力した。2006年没。

日本語学者

写真：共同通信社

秋永一枝（あきながかずえ）

日本語研究者。1928（昭和3）年東京に生まれる。下町・両国で生まれ育ったため、東京弁のなかで日常を過ごす。桜蔭高等女学校を経て、早稲田大学第一文学部卒業。のちに同大学大学院修士課程・博士課程を修了する。

三省堂勤務時代は、金田一春彦監修『明解日本語アクセント辞典』（1958年）を担当。金田一による初版序文に「この辞典は私が手をくだして作ったものではない。編修者は、現在早大国文学科の副手である秋永一枝君である」とあるように、秋永によるアクセントの調査・データ収集が本書の基礎となった。

1974年には文学部で初めての女性教授に就任。大学では日本語アクセント論を専門とし、『古今和歌集声点本の研究』『東京弁アクセントの変容』『日本語音韻史・アクセント史論』などを著した。1991年には、言語学研究に貢献した研究者・団体に贈られる第10回新村出賞を受賞。2017年没。

俳優

写真：共同通信社

小沢昭一（おざわしょういち）

俳優、芸能史研究者。1929（昭和4）年東京に生まれる。1945年に海軍兵学校に入学し、終戦を迎える。早稲田大学文学部仏文科に進学し、在学中の1949年に俳優座付属養成所に入所。千田是也に師事する。1951年、岸田国士作『椎茸と雄弁』で初舞台を踏む。1953年には『広場の孤独』で映画デビューを果たす。以後、『洲崎パラダイス赤信号』（1956年）、『幕末太陽傳』（1957年）などに出演したほか、『にあんちゃん』（1959年）、『豚と軍艦』（1961年）、『にっぽん昆虫記』（1963年）など今村昌平監督の作品には欠かせない存在となった。

放浪芸の採集など民俗芸能の研究にも注力。著書『私は河原乞食・考』（1969年）、『日本の放浪芸』（レコード三部作：1971～75年）などを発表。また、ラジオ番組『小沢昭一の小沢昭一的こころ』は1万回を超える長寿番組となった。2012年没。

ジャーナリスト

写真：共同通信社

本田靖春（ほんだやすはる）

ジャーナリスト、ノンフィクション作家。1933（昭和8）年朝鮮京城に生まれる。1955年早稲田大学政治経済学部卒業後、読売新聞社に入社、社会部記者としてスタート。1964年5月より、売血の実態を描いた「黄色い血」追放キャンペーンは大きな反響を呼んだ。1971年、読売新聞社を退社、フリーランスとなる。1977年には、「吉展ちゃん事件」を扱った『誘拐』で文藝春秋読者賞を受賞。1978年に、金嬉老事件をテーマにした『私戦』を刊行。1984年には、売春汚職事件に絡み逮捕された立松和博読売新聞記者を取り上げた『不当逮捕』で講談社ノンフィクション賞を受賞。その他、『疵』『「戦後」美空ひばりとその時代』『評伝 今西錦司』など作品多数。

2000年に糖尿病のために両足を切断。右目失明と大腸がんも患いながら『月刊現代』にて「我、拗ね者として生涯を閉ず」を連載する。最終回を残して絶筆。2004年没。

ジャーナリスト

写真：共同通信社

筑紫哲也（ちくしてつや）

ジャーナリスト、ニュースキャスター。1935（昭和10）年大分県に生まれる。1959年早稲田大学政治経済学部卒業後、朝日新聞社入社。政治部記者、琉球（現、沖縄県）特派員、ワシントン特派員、外報部次長、編集委員などを歴任。

1984～87年には『朝日ジャーナル』編集長となり、「若者たちの神々」「新人類の旗手たち」「元気印の女たち」など新たな連載を手掛けた。これらの企画は、筑紫自身がインタビュアーを務め、若者文化を代表する著名人等を発掘するものとなった。

1989年に朝日新聞社を退社。同年10月よりTBSニュース番組『筑紫哲也 NEWS23』のメインキャスターに就任した。以来、2007年5月まで同番組のキャスターを務めるが、番組内で自身の肺がんを告白し、闘病生活に入る。2008年没。

一貫してリベラル派としてのスタンスを保ち続け、各界への影響力は大きかった。

歌人、劇作家

写真：共同通信社

寺山修司（てらやましゅうじ）

歌人、詩人、劇作家、演出家、映画監督。1935（昭和10）年青森県に生まれる。高校時代に俳句を中心とした文学活動を始め、中村草田男、山口誓子などの知遇を得る。1954年早稲田大学教育学部に入学（その後中退）。同年に「チェホフ祭」で『短歌研究』新人賞を受賞し注目を集める。以後、戯曲、シナリオ、小説など多分野で作品を発表。1960年に執筆した『血は立ったまま眠っている』は劇団四季で上演された。

1967年に演劇実験室「天井桟敷」を結成し、前衛劇活動を展開。小劇場運動のパイオニアとなった。代表作に『毛皮のマリー』（1967年）、『奴婢訓』（1978年）などがある。

映画監督作品としては『田園に死す』（1974年）が文化庁芸術祭奨励新人賞、芸術選奨新人賞を受賞した。

著書に『書を捨てよ、町へ出よう』『家出のすすめ』などがある。1983年没。

詩人、小説家

写真：共同通信社

吉行理恵（よしゆきりえ）

詩人、小説家。1939（昭和14）年東京に生まれる。本名、理恵子。父はダダイスト詩人の吉行エイスケ、母は美容師の吉行あぐり、兄は小説家の吉行淳之介、姉は俳優の吉行和子。早稲田大学第二文学部卒業。

在学中から雑誌『歴程』などに投稿し、詩を発表した。1967年に刊行された詩集『夢のなかで』は田村俊子賞を受賞し、詩人としての評価を得る。1971年には児童文学の『まほうつかいのくしゃんねこ』で、野間児童文芸推奨作品賞を受賞。

1981年には初の小説『男嫌い』を発表し、同年『小さな貴婦人』では第85回芥川賞を受賞。繊細な感性が高い評価を得た。また、兄・淳之介の『驟雨』（1954年）に続き兄妹での受賞は話題を呼んだ。

1989年には『黄色い猫』で女流文学賞を受賞。なお、作品には猫を題材にしたものが多かった。2006年没。

スポーツ選手

写真：共同通信社

森 孝慈（もり たかじ）

サッカー選手、サッカー指導者。1943（昭和18）年広島県に生まれる。広島修道中学校でサッカー部に入部し、修道高校3年のときには国体と全国高校サッカー選手権で優勝、高校2冠を達成した。

1962年に早稲田大学第一政治経済学部に入学、ア式蹴球部に入部する。1年生からレギュラーとして活躍し、1963、1966年度（主将）の2度にわたり天皇杯を制するなど、早稲田大学の黄金期を担った。在学中の1964年には東京オリンピックのメンバーとして活躍、1968年のメキシコ大会では全試合に出場し、チームを銅メダルに導いた。

1967年の大学卒業後は、日本サッカーリーグの三菱重工に入団。現役時代には、リーグ優勝2回、天皇杯優勝2回、ベストイレブン5回などを達成。選手引退後は1981年に日本代表監督に就任、その後、浦和レッズ監督を皮切りに、Jリーグで監督、GM等を務める。2010年、日本サッカー名蹴会名誉会長に就任。2011年没。

外交官

写真：朝日新聞社

奥 克彦（おく かつひこ）

外交官。1958（昭和33）年兵庫県に生まれる。外務公務員採用上級試験に合格後、1981年に早稲田大学政治経済学部卒業。同年外務省に入省する。

2003年4月、アメリカの復興人道支援室と日本とを結ぶパイプ役としてイラクに派遣され、日本のイラク復興支援の先頭に立って活躍する。しかし同年11月に、井ノ上正盛三等書記官とともに北部イラク支援会議に出席するため、ティクリート（イラク北部）を自動車で移動中に、銃撃され殉職する。

高校時代はラグビー部に所属し、兵庫県立伊丹高校2年在学中に、全国高等学校ラグビー大会に出場。早稲田大学でも2年生までラグビー部に在籍。公務員試験のために退部するが、外務省入職後、英オックスフォード大学留学の際は日本人として初めてのレギュラー選手として活躍した。殉職した2人の遺志を引き継ぎ、2004年に奥・井ノ上イラク子ども基金が設立された。

スポーツ選手

写真：共同通信社

山中 毅（やまなか つよし）

水泳選手。1939（昭和14）年石川県に生まれる。1956年、石川県立輪島高校在学中にメルボルン・オリンピックに出場。400mと1500mの自由形でいずれも銀メダルを獲得、800mリレーで4位に入賞した。その後、1957年早稲田大学教育学部に入学し、水泳部に所属。在学中の1959年に、200mと400mの自由形でそれぞれ世界新記録を樹立した。

1960年のローマ・オリンピックでは、400m自由形と800mリレーの2種目で銀メダル。1961年の大学卒業後、東京オリンピック（1964年）にも出場し、400m自由形で6位に入賞するなど、3回にわたるオリンピックで活躍した。

これらの卓越した実績により、朝日スポーツ賞（1958、1959年）、日本スポーツ大賞（1959年）、第1回小野梓記念スポーツ賞（1959年）を受賞したほか、1983年には国際水泳殿堂に選出された。引退後はイトマンスイミングスクールの取締役に就任し、後進の育成に尽力した。2017年没。

展示物③——常設展示Ⅲ

「聳ゆる甍」エリア

阿刀田高／『新約聖書を知っていますか』原稿と愛用の鉛筆

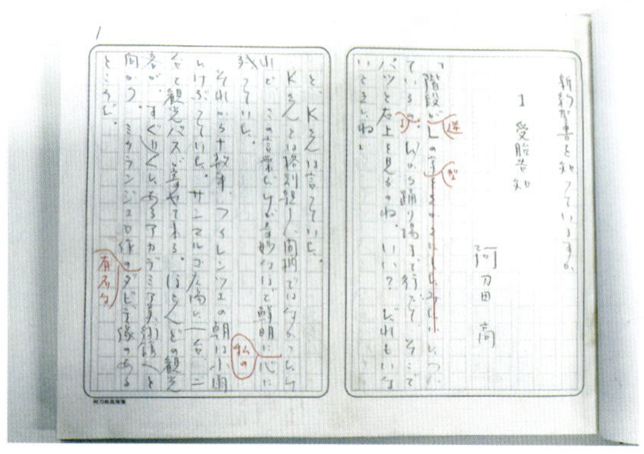

阿刀田氏は1960年に第一文学部卒業。『ナポレオン狂』で直木賞受賞、『新トロイア物語』で吉川英治文学賞受賞等。『新約聖書を知っていますか』（1993年 新潮社）の原稿は、2冊に分かれて製本されている。執筆は現在も手書きで、メーカー2社の鉛筆（HB）を愛用している。

井深大／卒業論文（複製）

早稲田大学大学史資料センター蔵

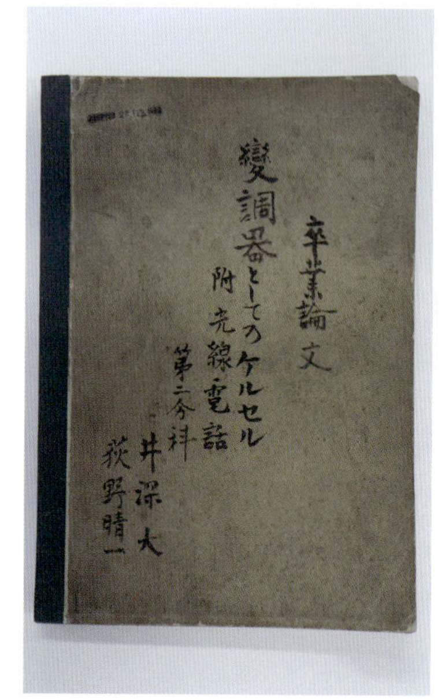

ソニーの創業者である井深は、理工学部電気工学科で主任教授・堤秀夫の指導によりケルセルの研究（光を音など外から加えた電圧通りに変調）を進める。卒業実験は光通信をテーマとし、その成功により学生発明家として一躍名を知られるようになった。

河野一郎／フルシチョフから贈られたペーパーナイフ

（展示期間：2018年3月～2019年3月）

河野洋平氏蔵

1956年、日ソ国交回復交渉時に河野一郎農相がフルシチョフ第一書記から激しい応酬の末、共同宣言をまとめる際に贈られた品。河野はフルシチョフが愛用するナイフを譲ってもらうことで、相手のペースを乱す奇策に出る。フルシチョフはナイフを河野に渡すが、次の日に逆手を取って、同じナイフをもう一本河野に贈った。河野は、最初のナイフを鳩山首相に譲り、2本目を自分用に持ち帰った。

松村謙三／廖承志からの封書（複製）

（展示期間：2018年3月～2019年3月）

松村記念会館蔵

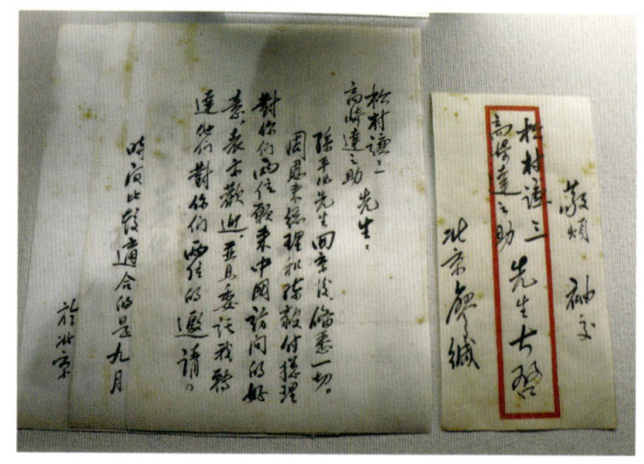

1962年、松村の第二次訪中前に廖承志から送られた書簡。このとき、松村は周恩来首相と会談し、廖承志とは互いに総連絡的役割を担うことを約束した。松村は日中関係の先駆者である大隈重信と孫文らの志を引き継ぐ思いで交渉にあたったという。

早稲田大学 Chronology

西暦	和暦	早稲田大学年表
1882	明治15	•東京専門学校創設　政治経済学科、法律学科、理学科のほか英学科を設置　入学生80名
1884	明治17	•初の海外留学生（朝鮮）受入れ •第１回卒業式（卒業生11名、のち１名追加）
1886	明治19	•小野梓死去 •第１回校友大会開催 •政学講義会（早稲田大学出版部の前身）設立　「講義録」発刊
1887	明治20	•校外生制度発足
1890	明治23	•文学科設置
1891	明治24	•『早稲田文学』創刊
1892	明治25	•創立10周年記念祝典
1896	明治29	•早稲田尋常中学校開校
1897	明治30	•体育部発足 •『早稲田学報』創刊
1899	明治32	•初の清国留学生（３名）入学
1900	明治33	•私立学校令による認可学校となる •初の海外留学生（２名）をドイツへ派遣
1901	明治34	•早稲田実業中学開校
1902	明治35	•早稲田大学に改称 •大学部（政治経済学科、法学科、文学科）と専門部設置 •図書館竣工 •創立20周年記念式典・早稲田大学開校式 •戸塚運動場（のち戸塚球場）完成
1903	明治36	•高等師範部（教育学部の前身）設置 •初の早慶野球戦
1904	明治37	•専門学校令による大学となる •大学部に商科設置
1905	明治38	•野球部第１回アメリカ遠征 •清国留学生部設置

西暦	和暦	早稲田大学年表
1907	明治40	•校長・学監制を廃し総長・学長制を採用　大隈重信総長、高田早苗学長が就任 •創立25周年記念式典　校歌制定　大隈銅像除幕式
1909	明治42	•大学部に理工科（機械学科、電気学科）設置
1911	明治44	•早稲田工手学校（早稲田大学芸術学校の源流）開校 •恩賜記念館竣工
1913	大正2	•創立30周年記念式典　大隈重信総長が教旨宣言　校旗、式服・式帽制定
1917	大正6	•「早稲田騒動」勃発
1919	大正8	•全学的に学年度始め４月となる
1920	大正9	•大学令による大学となる •大学院、政治経済学部、法学部、文学部、商学部、理工学部設置　戸山に早稲田高等学院（旧制）開校
1921	大正10	•初の女子聴講生（12名）入学
1922	大正11	•大隈重信死去、国民葬 •物理学者アインシュタイン来学
1923	大正12	•大隈会館（旧大隈邸）開館 •関東大震災により学内各所罹災
1924	大正13	•早稲田専門学校開校
1925	大正14	•新図書館（現２号館）竣工 •早慶野球戦復活
1926	大正15	•早稲田大学学生消費組合発足
1927	昭和2	•安部磯雄胸像除幕式 •大隈記念講堂竣工
1928	昭和3	•早稲田高等工学校開校 •織田幹雄（商学部生）、オリンピックで日本人初の金メダル獲得（三段跳） •坪内博士記念演劇博物館開館
1930	昭和5	•早稲田式テレビ、東京朝日新聞社講堂で公開実験に成功
1931	昭和6	•応援歌「紺碧の空」誕生

西暦	和暦	早稲田大学年表
1932	昭和7	• 大隈重信・高田早苗銅像除幕式、創立50周年記念式典
1937	昭和12	• ヘレン・ケラー大隈講堂で講演 • 建学之碑完成
1939	昭和14	• 女子4名が初めて学部へ入学
1940	昭和15	• 津田左右吉、筆禍事件により辞表提出 • 喜久井町に理工学部研究所設置
1943	昭和18	• 出陣学徒壮行会、早慶壮行野球試合、戸塚道場（戸塚球場を改称）で開催
1945	昭和20	• 空襲により大隈会館の全焼をはじめ、学内各所罹災 • 終戦により授業再開 • 体育会復活 • 学生共済会（生活協同組合の前身）発足
1946	昭和21	• 早稲田工手学校を早稲田工業学校へ改組
1947	昭和22	• 学生自治会発足
1949	昭和24	• 戸塚球場を安部球場と改称 • 新制早稲田大学発足　私学初の教育学部を含む11学部設置 • 戸山町に早稲田高等学院（新制）開校 • 体育部発足
1950	昭和25	• 大隈会館再建
1951	昭和26	• 私立学校法による学校法人となる • 新制大学院の修士課程（６研究科）設置 • 生活協同組合発足
1952	昭和27	• 体育局設置 • 創立70周年記念式典
1953	昭和28	• 大学院各研究科で博士課程発足
1954	昭和29	• 南門筋向かいに学生会館竣工（のち27号館に建替え）
1955	昭和30	• 校友会館竣工
1956	昭和31	• ミシガン大学と協定調印・発効 • 『早稲田大学広報』発刊 • 高等学院が戸山町キャンパスから上石神井へ移転 • 石橋湛山が校友初の内閣総理大臣就任

西暦	和暦	早稲田大学年表
1957	昭和32	• 戸山町キャンパスに記念会堂竣工 • 創立75周年記念式典 • 小野記念講堂竣工
1962	昭和37	• 戸山町キャンパスに文学部校舎竣工 • 創立80周年記念式典
1963	昭和38	• 国際部を各種学校として設置 • 早稲田実業学校、系属校となる
1966	昭和41	• 「学費・学館紛争」勃発 • 『早稲田ウィークリー』の前身『早稲田』創刊 • 社会科学部設置
1967	昭和42	• 第一・第二理工学部、本部キャンパスから西大久保キャンパスへの全面移転完了
1969	昭和44	• 追分セミナーハウス竣工
1970	昭和45	• 本庄校舎（のちセミナーハウス）竣工 • 第1回ホーム・カミング・デー
1973	昭和48	• 『早稲田フォーラム』発刊
1974	昭和49	• 第３次古代エジプト調査隊、マルカタ遺跡より「魚の丘」彩色階段を発見
1976	昭和51	• エジプト・ルクソールにワセダ・ハウス竣工
1978	昭和53	• 早稲田大学専門学校開校
1979	昭和54	• 早稲田中学校・高等学校、系属校となる
1981	昭和56	• エクステンションセンター開設
1982	昭和57	• 本庄高等学院開校 • 創立100周年記念式典
1986	昭和61	• 松代セミナーハウス竣工
1987	昭和62	• 所沢キャンパスに人間科学部開設 • 安部球場が東伏見へ移転
1988	昭和63	• 大隈重信生誕150年記念式典、記念展開催
1990	平成2	• 大隈ガーデンハウス竣工

西暦	和暦	早稲田大学年表
1991	平成3	• 新中央図書館を含む総合学術情報センター開館
1992	平成4	• 戸山キャンパス図書館竣工
1993	平成5	• 菅平セミナーハウス竣工 • 東伏見体育館竣工
1994	平成6	• 大隈会館およびホテル棟竣工 • 高田早苗記念研究図書館開館
1998	平成10	• 會津八一記念博物館開館
1999	平成11	• 大隈講堂と旧図書館（２号館）が東京都の歴史的建造物に指定
2001	平成13	• 専門学校を芸術学校に改称設置 • 理工学部総合研究センター九州研究所開設 • 早稲田実業学校が国分寺へ移転 • 戸山キャンパスに新学生会館竣工 • 第１回石橋湛山記念早稲田ジャーナリズム大賞授与式
2002	平成14	• 早稲田大学系属早稲田渋谷シンガポール校開校 • 平山郁夫記念ボランティアセンター設立
2003	平成15	• さいたま新産業拠点「SKIPシティ」開所 • スポーツ科学部、人間科学部通信教育課程、川口芸術学校設置 • 北九州学術研究都市に大学院情報生産システム研究科開設 • 鴨川セミナーハウス竣工
2004	平成16	• 小野梓記念館（27号館）竣工 • 国際教養学部設置、学部初の9月入学開始 • 日本橋に大学院ファイナンス研究科開設 • 大学院法務研究科（法科大学院）設置
2005	平成17	• 大学院会計研究科（会計大学院）設置
2006	平成18	• 大隈記念タワー（26号館）竣工 • 国際コミュニティセンター設置
2007	平成19	• 第一文学部・第二文学部を文化構想学部・文学部に、理工学部を基幹理工学部・創造理工学部・先進理工学部に再編 • 本庄高等学院が共学化 • 創立125周年記念式典

西暦	和暦	早稲田大学年表
2008	平成20	• 河田町に東京女子医科大学・早稲田大学連携先端生命医科学研究教育施設（TWIns）開設 • 「西早稲田キャンパス」の名称を「早稲田キャンパス」に変更 • 大学院教職研究科（教職大学院）設置
2009	平成21	• 早稲田大学系属早稲田摂陵中学校・高等学校誕生 • 「大久保キャンパス」の名称を「西早稲田キャンパス」に変更 • 早稲田大学バイオサイエンスシンガポール研究所（WABIOS）開設
2010	平成22	• 高等学院中学部開校 • 早稲田大学系属早稲田佐賀中学校・高等学校開校
2011	平成23	• 東日本大震災により、2010年度卒業式・大学院学位授与式と2011年度入学式中止 • 東日本大震災復興支援室設置 • 東日本大震災復興研究拠点設立 • 竹内明太郎之像設置 • 杉原千畝レリーフ設置
2012	平成24	• 大学院政治学研究科公共経営専攻（公共経営大学院）設置 • Waseda Vision 150発表
2013	平成25	• グローバルエデュケーションセンター設置
2014	平成26	• 中野国際コミュニティプラザ竣工 • 大学総合研究センター設置
2016	平成28	• 大学院経営管理研究科（ビジネススクール）設置
2017	平成29	• ダイバーシティ推進室設置 • 総長室オリンピック・パラリンピック事業推進プロジェクト室設置
2018	平成30	• 早稲田大学歴史館開館 • 戸山キャンパスに早稲田アリーナ竣工
2019	平成31	• 早稲田スポーツミュージアム開館

■制作協力
早稲田大学文化推進部

■参考資料
「waseda 125　1882-2007」
「キャンパスがミュージアム」（Vol.1〜3）
「早稲田ウィークリー」
「早稲田大学百年史」
（https://chronicle100.waseda.jp/index.php）
「早稲田大学入学案内」
『日本大百科全書』（小学館）
『ブリタニカ国際大百科事典』（ブリタニカ・ジャパン）
『世界大百科事典』（平凡社）
『日本人名大辞典』（講談社）
その他各種資料

歴史館でたどる早稲田大学

2019年 6月15日　初版第1刷発行

編　　者　早稲田大学出版部
編集協力　村田浩司
デザイン・組版　クレラボ（Kre Labo）
発 行 者　須賀晃一
発 行 所　株式会社早稲田大学出版部
〒169-0051　東京都新宿区西早稲田1-9-12
TEL03-3203-1551
http://www.waseda-up.co.jp
印刷製本　シナノ印刷株式会社

ISBN978-4-657-19010-9